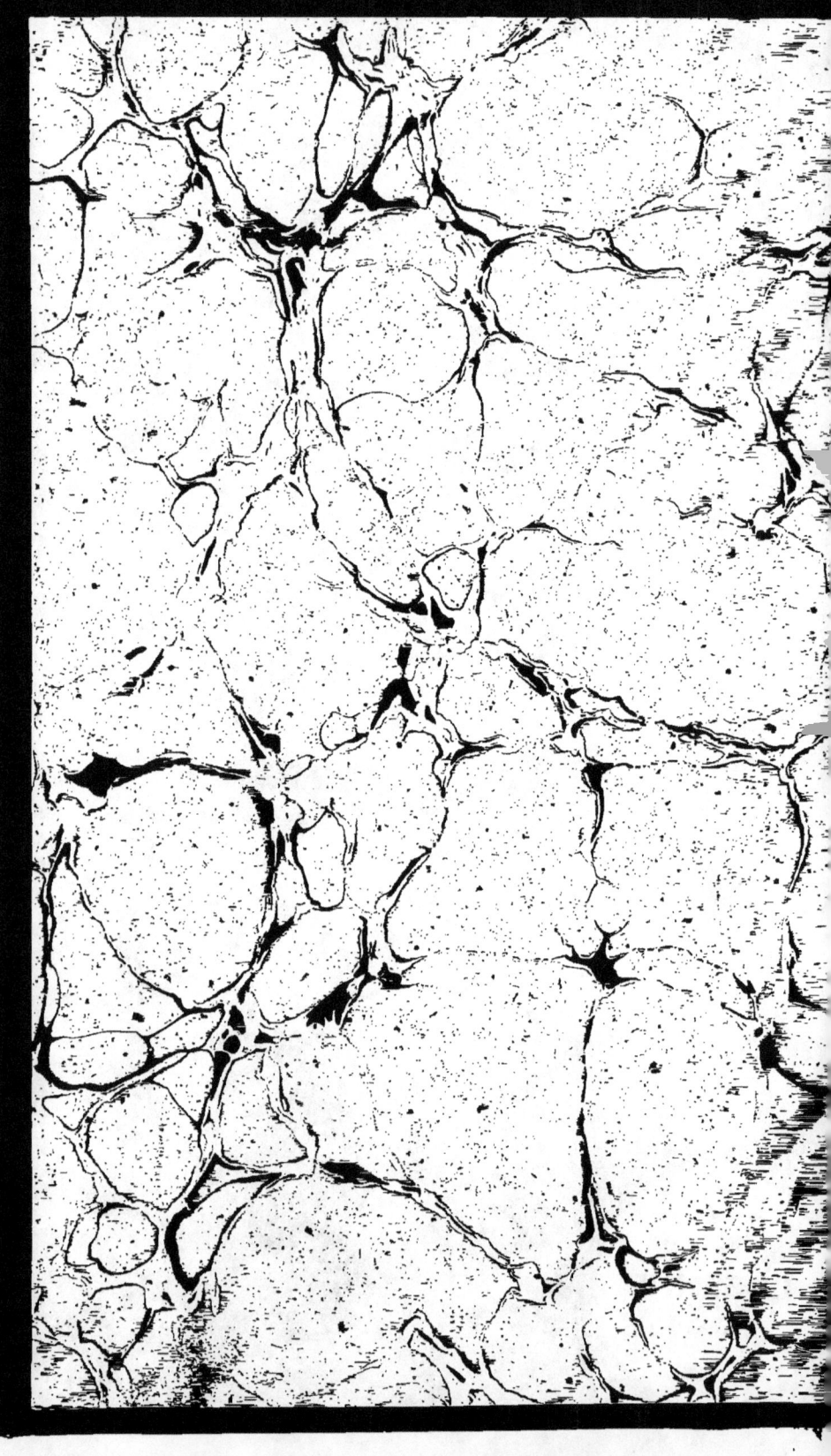

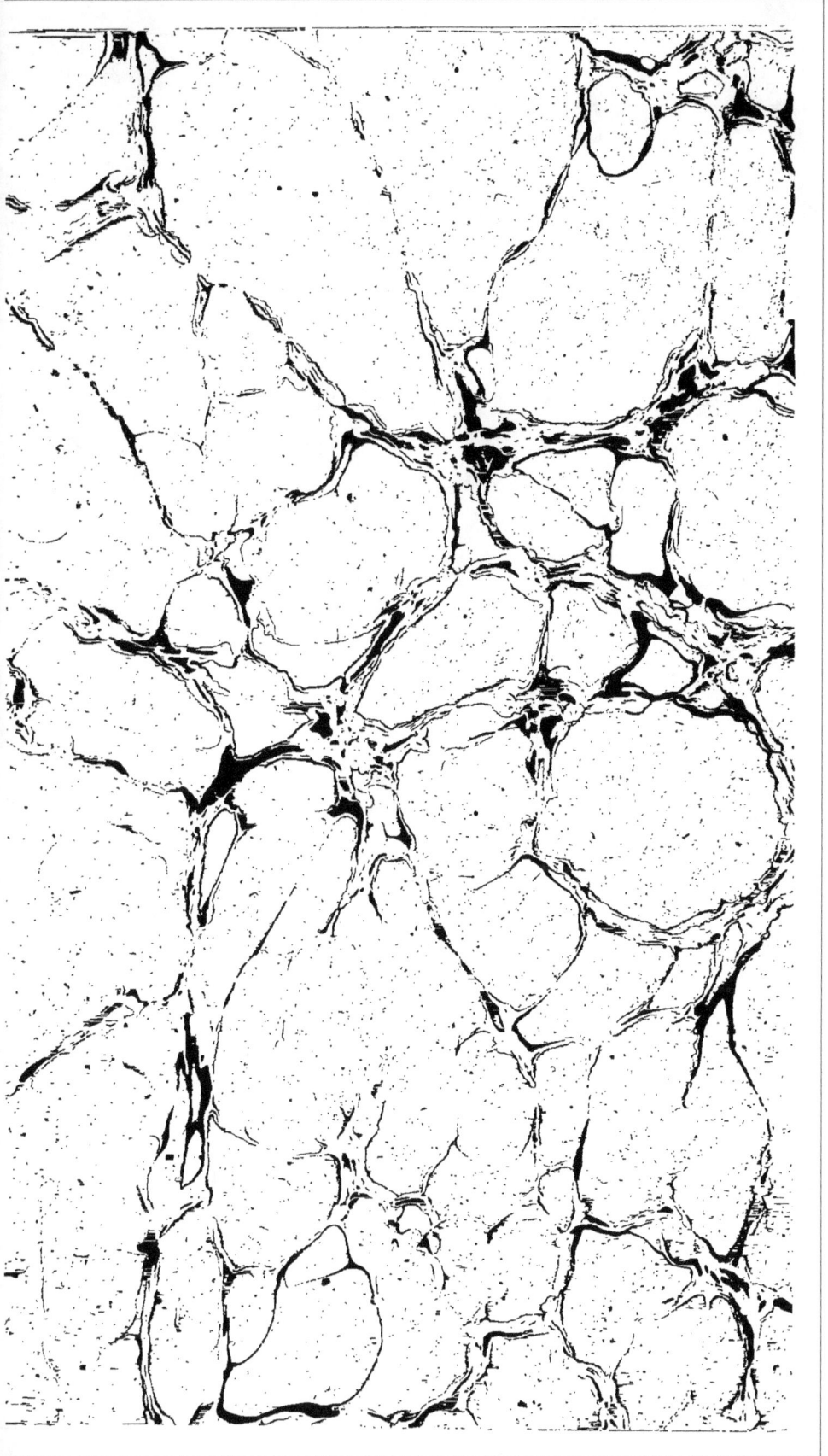

L'ABBÉ GABRIEL

PARIS. — IMPRIMÉ CHEZ A. PILLET FILS AINÉ
5, RUE DES GRANDS-AUGUSTINS, 5

L'ABBÉ
GABRIEL

SA VIE, SES ŒUVRES

PAR

VICTOR PIERRE

AVOCAT A LA COUR IMPÉRIALE

PARIS

AU BUREAU DU JOURNAL DES VILLES & CAMPAGNES

5, RUE DES GRANDS-AUGUSTINS, 5

—

1867

L'ABBÉ GABRIEL

Le 4 juillet 1866, une mort non moins terrible que soudaine enlevait au clergé de Paris l'un de ses membres les plus distingués dans la personne de l'abbé Gabriel, chanoine titulaire de la métropole et ancien curé de Saint-Merry. Ses obsèques ont été celles d'un homme célèbre, chaleureusement aimé. Aux personnes qui, vivant, l'ont connu dans l'intimité; à celles, plus nombreuses, qui, le cœur troublé et les larmes aux yeux, ont suivi son char funèbre; à ce peuple de chrétiens qui ont recueilli de sa bouche la parole qui transfigure l'existence et la jette d'un bond dans les régions de l'infini, j'adresse et je dédie ces quelques pages, écrites en mémoire de lui. Il appartenait sans doute à des plumes plus autorisées et plus compétentes de retracer la vie et les œuvres de l'abbé Gabriel : le silence d'autrui est devenu notre loi de parler. Si humble que soit notre témoignage, nous l'apportons sans hésiter au saint prêtre, à l'éloquent apôtre, à l'enthousiaste ami dont s'est honorée notre jeunesse, que nous avons pratiqué quinze années dans une intimité presque quotidienne, et qui a gravé dans notre cœur, comme dans celui de tant d'autres, une trace d'amour ineffaçable. Un artiste éminent, M. Henri Lehmann, a rendu naguère sur la toile cette physionomie puissante : que n'est-il donné à cette modeste notice de devenir la légende du portrait ?

I

PREMIÈRES ANNÉES. — VICAIRE A CETTE. — CURÉ A PÉZÉNAS.
1796-1834.

L'abbé Gabriel (Jean-Louis) naquit le 20 juillet 1796, à Revel (Haute-Garonne), l'aîné de cinq enfants. Très-peu de temps après sa naissance, ses parents se transportèrent à Sorèze (Tarn), petite ville voisine, déjà connue dans l'ancienne France par son collége de bénédictins et dont le R. P. Lacordaire a rajeuni la célébrité. Sorèze, où il avait passé les années du premier âge ; Sorèze, où avait vécu, où était morte sa mère au milieu de plusieurs générations de descendants ; Sorèze, où il retrouvait presque chaque année les rares et vieux amis de sa jeunesse, ses souvenirs domestiques, la plus grande partie de sa famille, le presbytère, l'église et la tombe du pasteur, son vieux maître ;

Sorèze fut toujours considérée par l'abbé Gabriel comme la vraie patrie de son cœur et il a voulu y reposer après sa mort.

L'abbé Mazas, curé de Sorèze, fut le premier maître du jeune Gabriel. Il arrivait de Rome, où il avait trouvé un abri pendant la Révolution. C'était un homme d'un caractère énergique et d'une nature d'esprit originale, avec un cœur de noble lignée. Il aima les mêmes qualités dans son élève, et son exemple contribua à les développer. « Mon vieux curé de Sorèze, » quand l'abbé Gabriel prononçait ces quelques mots, on sentait qu'un long passé de vénération et de reconnaissance avait pris pied dans sa mémoire ; son « vieux curé de Sorèze » revenait sans cesse sur ses lèvres dans ses entretiens familiers, il se plaisait à le nommer en chaire, et, après quarante-cinq ans de sacerdoce, il s'autorisait publiquement de ses conseils ou de ses actes.

A seize ans, il entra au petit séminaire de Castres, d'où il passa au grand séminaire de Montpellier (Alby n'était pas encore érigé en archevêché). Huit années s'écoulent pendant lesquelles il professe la seconde au petit séminaire et suit ses études théologiques. Le 27 mai 1820, il est ordonné prêtre par Mgr Fournier, évêque de Montpellier, et nommé immédiatement vicaire à Cette.

Ses facultés oratoires se déployèrent tout de suite et le firent rechercher de tous côtés. Il prêchait non-seulement à Cette, mais à Montpellier et dans tout le diocèse. Pour obéir à l'avis, il disait même, à l'injonction du curé de Sorèze, il écrivait ses sermons depuis la première ligne jusqu'à la dernière et les récitait de mémoire. Il faisait mieux : il ne prononçait jamais deux fois le même sermon. Cependant, les marguilliers et le clergé de la paroisse viennent un jour le prier de prêcher à nouveau, pour la fête patronale, le sermon de l'année précédente. Il s'excuse ; on insiste : il se rend. Quelques jours après, cahier en poche, il montait en chaire : l'église regorgeait de fidèles. A peine avait-il prononcé les premières phrases de l'exorde que, dans les rangs pressés de l'assistance, une dame, excentriquement costumée, cherche à se frayer passage, dérange chaises et gens et se poste en face de la chaire. Le trouble de l'auditoire gagne l'orateur ; il s'arrête, consulte son manuscrit, reprend la parole, s'interrompt encore. Mais cette fois son parti est pris, et, jetant de côté cahiers et souvenirs, il s'abandonne à tout risque à l'improvisation. C'est de ce jour qu'il cessa d'écrire ses sermons ; mais il y avait sept ans qu'il se soumettait à ce sévère exercice dont il reconnaissait l'avantage.

En 1827, il est nommé curé de Sainte-Ursule, église succursale à Pézénas, ville importante de l'Hérault. Il devait ce rapide avancement non-seulement à sa légitime réputation de prédicateur, mais à la gravité de ses mœurs sacerdotales et à l'ardeur apostolique de sa foi. Jeune prêtre de vingt-cinq ans, il arrive à Cette, son curé le choisit pour directeur de sa conscience; et voici comme il débutait à Pézénas :

Il vient d'apprendre que, sur sa paroisse, un homme dont la vie avait résumé les impiétés et les crimes de 1793, est en danger de mort. Il accourt. Le malade, en l'apercevant, se lève sur son séant et l'accable d'outrages. L'abbé Gabriel regardait, impassible, cette rage de forcené, lorsque celui-ci, succombant sous l'effort, s'affaisse : le sang s'échappe à flots de sa bouche. Le jeune prêtre s'élance auprès de lui, le soutient, l'enlace de ses bras, et, dans une effusion de tendresse, dépose sur ce visage agonisant un baiser mouillé de larmes. Tout déconcerté : « Qui êtes-vous donc, lui dit l'incrédule, vous qui me secourez quand je vous outrage? » — « Je suis l'indigne ministre de cette religion qui me commande de vous aimer comme un autre Christ. » Et subitement converti, le mourant veut qu'on ouvre les portes de sa maison et que toute la ville soit témoin de son repentir (1).

L'abbé Gabriel avait déjà le rare talent de gagner les cœurs rien que par sa franchise et sa sympathique attitude. A Cette, tous l'aimaient : pêcheurs, marins, ouvriers du port s'étaient attachés à lui comme les clients de l'ancienne Rome s'inféodaient à un patron. A Pézénas, dans la société polie comme dans les autres classes, il rencontra la même affection. Il y resta sept ans comme à Cette (1827-1834). En 1839, ses paroissiens lui adressaient à Bordeaux un portrait au crayon noir, où il est représenté avec de longs cheveux bouclant sur les épaules; on lit au bas cette légende : « Nos souvenirs l'accompagnent; notre amour le rappelle ! »

Imagination ardente et sensible, on comprend

---

(1) J'emprunte ce fait à un article remarquable de M. Chevé, le seul, à notre connaissance, qui ait été publié sur l'abbé Gabriel. (*Journal des Villes et des Campagnes*, du 9 juillet 1866.)

que les éloquentes pages de M. de Lamennais aient pu surprendre et toucher l'abbé Gabriel. Comment n'aurait-il pas été séduit, tant d'autres prêtres le furent! par ce *Père de l'Eglise*, comme on l'appelait alors? Les royalistes l'exaltaient ; l'Église se parait de sa renommée; Léon XII lui destinait la pourpre. Autant l'abbé Gabriel avait peu goûté les doctrines philosophiques de l'auteur de l'*Essai sur l'indifférence*, autant il se ralliait à lui dans la revendication du droit commun pour le clergé et pour les catholiques. Homme de courage et de désintéressement, il ne reculait pas devant l'application la plus complète de la liberté ; son imagination lui en signalait les avantages avec plus de clarté que les dangers. Plus d'un de ses contemporains et de ses collègues dans le sacerdoce partageait alors ces idées que les rédacteurs de l'*Avenir* devaient pousser à l'extrême. L'expérience des évêques, la froideur des politiques, l'hostilité des pouvoirs luttaient en vain : la division menaçait de se mettre dans le clergé et d'ébranler la hiérarchie.

Rome parla : dépositaire de l'éternelle Vérité, elle condamna des doctrines qui s'établissaient dans l'absolu, à propos de faits contingents et relatifs; elle ne contestait ni ne condamnait l'opportune application de la liberté, dans telle situation où les mœurs et l'état politique en comportent l'usage. L'abbé Gabriel, est-il besoin de le dire, pouvait accepter sans effort l'encyclique du souverain pontife, n'ayant jamais rien écrit ni rien dit qui allât contre les principes qu'elle proclamait. Mais, quoique n'ayant jamais eu aucune relation avec M. de Lamennais (il ne le vit qu'une fois, à Paris, vers 1844, chez le général Donnadieu), il garda toujours un grand respect pour cette admirable intelligence que l'orgueil avait dévoyée. Il était de ceux auprès de qui le R. P. Lacordaire avait besoin de se justifier de sa brusque rupture avec son ancien maître; il préférait la douce retraite de l'abbé Gerbet. Même il se demandait parfois si le célèbre polémiste, plus charitablement combattu, n'aurait pas été ainsi conservé à l'Église (1), tandis que l'acrimonie de quelques-uns

---

(1) Il faut tenir compte sans doute du caractère de M. de Lamennais; les lignes suivantes, extraites de son premier ouvrage, publié en 1808, ne peignent-elles pas et son caractère et les causes de sa chute? « Et Tertullien aussi avait des vertus; il se perdit néanmoins parce qu'il manqua de la plus nécessaire de toutes, l'humilité. Je cite de préférence Tertullien, parce qu'il y a de singuliers rapports entre lui et l'oracle du jansénisme, M. Arnauld. Tous deux d'un caractère ardent, présomptueux, opiniâtre; tous deux

de ses adversaires l'avait rejeté, nouveau Tertullien, dans les âpres résolutions.

pleins de génie, tous deux ayant rendu à la religion d'éminents services, ils se laissèrent entraîner (qui le croirait dans de si grands hommes?) à la fougue d'une imagination qui outrait tout; car c'est en outrant la vérité catholique que M. Arnauld tombait dans l'erreur de Calvin, et il ne s'en est pas aperçu! Et Pascal, Nicole, Duguet, et tant d'autres non moins éclairés, ne s'en sont pas aperçus plus que lui! O faiblesse de la raison humaine! et que Dieu sait bien nous faire sentir, quand il veut, par d'éclatants exemples, la nécessité de nous soumettre à une plus haute autorité! »

Réflexions sur l'état de l'Église en France, 1808. (OEuvres complètes, t. VI, 17, 1836-1837.)

II

MISSIONNAIRE APOSTOLIQUE.

1834-1848.

L'abbé Gabriel reçut de cette époque une secousse énergique : le joug de l'habitude, ses loisirs même lui pesèrent. Il se démit de sa cure, réalisa un petit pécule par la vente de ses objets de luxe et partit pour Rome (1834). Ce pèlerinage, qu'il renouvela depuis si volontiers et si souvent, devint cette fois pour lui le point de départ d'une nouvelle vie. Il renonça pour un temps au ministère des paroisses, afin de se livrer avec plus de liberté à l'étude et à la prédication. A Rome, il suivit des cours, travailla plusieurs mois avec le R. P. Ventura; il prêcha aussi, et avec un grand succès, l'avent de 1834 à Saint-Louis-des-Français. Dans la société d'Overbeck et de Thorwaldsen, il développait son goût pour les arts au foyer des œuvres et des traditions catholiques. A son départ, le pape lui conféra le titre de missionnaire apostolique avec dispense de l'ordinaire.

Revenu en France, au lieu de se répandre, il voulut se recueillir encore et se retira à Bédarrieux (Hérault); mais sa réputation de prédicateur l'enlevait souvent à sa retraite. Invité à donner la station du carême à Marseille, il avait promis de s'y rendre (1835), lorsque le choléra s'y manifeste et y sévit. Ceux qui avaient reçu sa parole veulent l'en dégager; il n'accepte pas, et, nouveau Belzunce, il s'élance vers la chaire de Saint-Martin.

Il prêche chaque jour, souvent deux fois le jour; le fléau l'atteint. Rapidement guéri par une médication énergique, il remonte en chaire, prodiguant sa personne et son éloquence. Vers la fin de la station, l'épidémie avait presque disparu; aussi, mû de reconnaissance et sans avoir consulté personne, l'abbé Gabriel, sous le coup d'une inspiration subite, s'écrie : « Que le Christ apparaisse dans vos rues sous les espèces sacrées; que les processions se déroulent sur vos places et vos boulevards, etc... » Mais, le prédicateur l'avait oublié, depuis 1830, les processions publiques étaient interdites. Grand embarras du préfet et de l'évêque : comment rétracter des paroles qui, prononcées du haut de la chaire et dans des circonstances aussi solennelles, semblaient une promesse officielle de renoncer aux défenses antérieures? Sur le conseil de l'abbé Gabriel, le préfet retire immédiatement ses arrêtés, l'évêque ordonne la procession : l'agitation, qui couvait déjà, s'apaise, et quelques jours après, 20,000 personnes défilaient, un cierge à la main, dans les rues de Marseille, remises en possession de cette cérémonie séculaire. Sur le passage, une femme du peuple s'écria, moitié en français, moitié en patois : « Viva lou choléra, qui nous a rendu notre Mère! » Et depuis ce temps, en effet, les processions publiques ont continué d'avoir lieu à Marseille, avec un immense éclat.

En 1836, nous trouvons l'abbé Gabriel professeur d'Écriture sainte au grand séminaire de Montpellier. Il n'y resta qu'une année et quitta définitivement le diocèse pour n'y plus revenir qu'en passant. A Bordeaux, où il se rendit ensuite, il professa trois ans la théologie au grand séminaire et donna une série de conférences dans la cathédrale. Préoccupé, dès lors, comme il le fut toujours, de renouveler et de fortifier les études dans le clergé, il concertait avec l'abbé Dupuch, qui fut depuis évêque d'Alger, et M. l'abbé Noail, la fondation d'une congrégation de prêtres destinés à l'enseignement des séminaires, à la prédication et aux œuvres de charité, car il ne sépara jamais l'apostolat par les œuvres de l'apostolat par la parole. L'un d'eux, l'abbé Noail, avait déjà réussi à établir une congrégation de femmes, très-connue aujourd'hui sous le nom générique de *Sainte-Famille* et qui compte quatre ou cinq branches également florissantes en France, en Italie et en Espagne. L'abbé Gabriel vint à Paris en 1838 pour essayer de grouper quelques prêtres autour de son œuvre; mais il n'y réussit pas plus que ses coopérateurs. L'idée seule lui resta en tête, et, jusqu'à la fin de sa vie, il songea à la réaliser. Mais sa première déconvenue le détourna sans doute d'en risquer une seconde.

Appelé à prêcher le carême de 1841 à Notre-Dame, c'est de ce moment que l'abbé Gabriel fixa son séjour à Paris. Il demeurait alors dans une institution de jeunes gens à laquelle il était attaché comme aumônier, rue Saint-Jacques, près le Val-de-Grâce. Ses ressources étaient des plus modiques, mais qui s'en soucia jamais moins que lui ? Pauvre et presque inconnu, son zèle apostolique lui tint lieu du reste : on l'invitait à parler dans les réunions de la Société de Saint-François-Xavier et il prenait là ou y développait, au milieu des ouvriers, le goût et le talent de la prédication populaire. Il était toujours prêt, et, si quelque confrère se trouvait empêché, loin de se croire blessé qu'on n'ait pas songé à lui tout d'abord, il se considérait comme honoré de l'appel même tardif qui lui était adressé et de l'heureuse occasion de porter aux pauvres la parole de Dieu. Il avait connu à Pézénas le vénérable frère supérieur de l'institution des Frères de Passy ; il s'y rendait souvent et y prêchait les retraites de première communion avec une ardeur et une surabondance de foi dont il a été gardé souvenir. C'est lui qui fonda alors (1841) l'académie des élèves de Passy, société d'émulation analogue à celles que Monseigneur Dupanloup fonda depuis à Orléans, et le R. P. Lacordaire à Sorèze. Très-peu de temps après son arrivée, il accepta aussi le poste d'aumônier des dames de l'Assomption qui, de l'impasse des Vignes (rue des Postes), où elles se trouvaient alors, se transportèrent, en 1844, rue de Chaillot (1) et y entraînèrent l'abbé Gabriel (2). Les catéchismes et les retraites de première communion qu'il donnait aux jeunes filles du pensionnat attiraient beaucoup de personnes du dehors; l'impression qu'il fit alors subsiste encore, m'a-t-on assuré, dans bien des cœurs. Ces moments solennels surexcitèrent en tout temps sa foi et son éloquence; puissant en paroles devant la mort qui ouvre à l'âme l'éternité, il ne l'était pas moins à cette heure qui ouvre à l'enfance les horizons de la vie chrétienne.

Ces occupations et ces devoirs ne l'avaient pas enlevé à la prédication des paroisses. Il donna, de 1841 à 1847, plusieurs stations de carême ou d'avent hors de Paris, entre autres à Digne, à La Rochelle, à Chartres, où il prêcha une retraite ecclésiastique; à Paris, il se fit entendre dans les principales paroisses, à Saint-Jacques-du-Haut-Pas, dont le curé, M. Martin de Noirlieu, devint, dès son arrivée, l'un de ses amis les plus attachés de cœur et est demeuré l'un des plus fidèles; à Saint-Sulpice, à Saint-Roch, devant la vénérable

---

(1) Les dames de l'Assomption résident actuellement à Auteuil, rue de l'Assomption.

(2) Il demeurait rue de Chaillot, 97, à quelques pas du couvent.

reine Marie-Amélie ; à Saint-Germain-l'Auxer-
rois, plus tard à Saint-Louis-d'Antin, où il re-
trouva le premier pasteur qui avait accueilli ses
débuts et qui, jusqu'à sa mort, ne laissa point
passer d'année sans l'inviter à prêcher dans sa
paroisse soit quelques sermons soit une série de
conférences.

De ce fécond apostolat il ne nous reste que peu
de chose : cinq discours reproduits ou analysés
dans un recueil spécial, *la Chaire catholique* (1),
où le nom de l'abbé Gabriel se trouve mêlé à ceux
des Dupanloup, Lacordaire, Cœur, Combalot,
Deguerry, etc. Il est difficile de prendre une idée
précise, quant à la forme ou quant au fond, de sa
méthode et de ses ressources de prédicateur.
Comment, dans ces froids résumés ou dans ces
textes d'un ton trop uniforme pour être fidèles,
reconnaître l'accent hardi et le mouvement rapide
de sa parole ? Une revue protestante de cette
époque (*la Bibliothèque de Genève*, si je ne me
trompe) comparait l'abbé Gabriel à Lacordaire :

---

(1) 28 mars 1843, jour de l'Ascension, à Saint-Sulpice; deuxième dimanche de septembre 1844, à Saint-Roch; 1ᵉʳ novembre 1844, jour de la Toussaint; 21 juin 1846, jour de l'Ascension, à Saint-Jacques-du-Haut-Pas; 28 juin 1846, encore à Saint-Jacques-du-Haut-Pas.

pour risquer ce parallèle, il fallait avoir entendu l'orateur; car, en le lisant, on ne retrouve ni la fougue ni la couleur de langage que signalait le critique, ni même cet aspect *inculte* qu'il lui reprochait.

Pour le fond, nous apercevons déjà l'idée dominante qui a été l'âme de la vie et de la prédication de l'abbé Gabriel : le Christ et la Charité. Déjà, même dans ces sermons isolés où ne sauraient se développer ces amples pensées qui doivent animer et soutenir une station tout entière, on sent l'homme qui s'agite dans les vastes espaces, dont le cœur habite en haut et qui aime à fréquenter les régions de l'infini.

Me pardonnera-t-on de citer quelques lignes d'une de ces analyses? Un sermon prononcé le jour de la Toussaint 1844, terminait ainsi : « Maintenant, quelle est la vie qui mène au ciel? Rien n'est plus facile à dire : on a le ciel lorsqu'on l'a porté au dedans de soi-même pendant la vie (1); il faut l'avoir dans son cœur pendant l'exil, afin de le posséder immuablement dans la patrie pendant l'éternité..... Le chrétien est le temple de la Tri-

---

(1) Ces idées sont plus complétement développées dans les *Principes généraux d'une théodicée pratique*, XI, le Mouvement infini.

nité, c'est le ciel vivant de la terre ; posséder Dieu au dedans de soi c'est posséder le ciel, et si cette unité existe sur la terre, quoiqu'elle ne soit pas immuablement fixée ni complétement développée, elle y est pourtant, et Jésus-Christ dit : *Regnum Dei intra vos est.* C'est ainsi que passèrent nos pères ; étrangers pèlerins, comme dit l'Apôtre, ils s'en allaient, errants dans les solitudes, y demander les larmes de la pénitence et l'encens de l'oraison ; ils allaient demander au silence la puissance de dilater leurs cœurs au sein de Dieu, et puis, quand venait la dernière heure, ils n'avaient aucun lien à rompre, ils avaient tout brisé, ils n'avaient gardé que ce qui demeure toujours. »

La Révolution de 1848 survint : l'abbé Gabriel la salua avec sympathie, comme le fit la plus grande partie du clergé, à l'exemple de l'archevêque de Paris et des évêques de Langres et de Nancy, pour n'en pas citer d'autres. Comme Lacordaire et M. l'abbé Deguerry ; comme, à Digne, Mgr Sibour, le futur archevêque de Paris, l'abbé Gabriel ne crut pas compromettre son caractère en allant dans quelques clubs, sans d'autre intérêt que celui de la Vérité, combattre les folles théories des déclamateurs, élever le drapeau du Christ et morigêner la foule jusque dans son triomphe et dans son sanctuaire. Le carême venu, il reprenait la prédication sacerdotale dans les églises Saint-Roch et Saint-Paul-Saint-Louis. C'est au milieu de cette activité d'apostolat, où toute tribune lui semblait bonne pour propager l'enseignement chrétien, que Mgr Affre le désigna subitement (mars 1848) pour administrer la paroisse de Chaillot.

III

L'ABBÉ GABRIEL, PRO-CURÉ DE SAINT-PIERRE DE CHAILLOT. — CHANOINE DE NOTRE-DAME DE PARIS.

Mars-Décembre 1848.

Un homme de trente-huit ans s'était suicidé. Sans nier le fait, ses parents et ses amis vinrent demander pour lui les prières ecclésiastiques. L'abbé Noël, curé de Saint-Pierre de Chaillot, était un prêtre de grande vertu, de haute science théologique et d'une fermeté de caractère inébranlable. Il opposa ses devoirs, les décisions de l'Église, mais en suggérant qu'un certificat de médecin attestant la folie du mort lèverait la difficulté. Ce biais fut rejeté : on voulait que le suicide pénétrât dans le temple comme suicide, au mépris des lois de l'Église. Le curé repoussa absolument ces prétentions. Le soir, au club, des menaces étaient proférées contre lui; le lendemain, la foule s'amassa aux portes, menaçant de les enfoncer et de piller le sanctuaire. Devant cette violence et pour en prévenir de plus pénibles, l'abbé Noël crut devoir se retirer et l'un des vicaires, sous le coup de cette intimidation brutale, prononça les dernières prières. Ce triomphe de l'émeute, s'attaquant au lieu saint, avait besoin d'être réprimé ou contenu, et c'est à cette œuvre de pacification que fut invité l'abbé Gabriel, à qui son séjour déjà long à Chaillot, sa notoriété parmi les ouvriers, ses opinions politiques avaient déjà assuré dans le quartier une certaine influence.

Au milieu de cette population tumultueuse, irritée quoique injustement, et dont les passions du jour développaient la turbulence, l'abbé Gabriel se montra plus hardi qu'elle : l'audace lui allait bien. L'un des clubs de Chaillot se tenait dans la maison des frères des Écoles chrétiennes; il y convoque les ouvriers :

« C'est au milieu du peuple, leur dit-il, que j'ai désiré prendre possession de la paroisse de Chaillot, et vous êtes, mes amis, ma première visite. Le Christ, il y a dix-huit cents ans, reçut de son père la mission de venir porter la bonne nouvelle aux pauvres et aux travailleurs, et moi, son humble disciple, je veux être aussi le prêtre de ceux qui souffrent et qui travaillent.

« Vous avez inscrit sur le drapeau de la République : Liberté, Égalité, Fraternité! Et vous avez bien fait ; ces mots sont trois rayons sortis du cœur de Jésus-Christ pour réchauffer et raviver l'humanité mourante ; car, avant sa venue, les deux tiers du monde étaient esclaves sous des maîtres corrompus et cruels.

« Oui, citoyens, celui-là qui féconde la terre et qui fait éclore les étoiles au firmament, celui-là est descendu un jour pour dire à l'esclave et au maître : « Vous êtes frères et vous avez le même père, qui est dans le ciel. » Il s'est présenté au monde non pas avec la pourpre et avec le sceptre, mais avec la bure sur les épaules, avec la scie et le rabot à la main, et ce grand ouvrier a fait ainsi le tour du monde, changeant partout la terre sur son passage, et c'est lui maintenant qui guide les peuples dans la voie du progrès. Vous avez prouvé à tous que vous l'aviez compris, mes amis, lorsqu'on vous a vus aux Tuileries, de ces mains qui avaient jeté par les fenêtres le fauteuil royal, porter triomphalement à Saint-Roch l'image crucifiée du charpentier divin.

« Gardez, gardez toujours ces sentiments que le Christ vous a inspirés, et nul n'osera plus vous faire esclaves; mais liberté pour tous, pour tous sans exception, pour nous comme pour vous. Je ne veux pas être plus libre que vous parce que je suis prêtre, mais je ne veux pas que vous le soyez plus que moi parce que vous ne l'êtes pas.

« Et maintenant en finissant, je vous dirai : Je suis à

vous, mes amis, tout entier à vous, ainsi que les prêtres de cette paroisse. Ma pensée est leur pensée, mes sentiments sont leurs sentiments. Oui, tout ce que j'ai est à vous ; tant que j'aurai, vous aurez aussi ; et s'il m'arrivait un jour de n'avoir plus rien, j'irais vous demander à vous-mêmes, et si vous n'aviez pas, eh bien ! nous irions ensemble à l'hôpital (1). »

A ces derniers mots, une émotion indescriptible saisit l'auditoire. On entoure l'orateur, on se dispute ses mains pour les presser ; on l'acclame, on veut le porter en triomphe. Il est ramené chez lui au milieu d'un cortége immense, et l'on installe à sa porte une garde d'honneur.

On vient de le voir : l'abbé Gabriel avait tenu au peuple un langage fier et n'avait rien abaissé devant ces victorieux d'un jour, ni la dignité de l'Église, ni celle de sa personne. Le 27 mars, ces hommes, qu'il avait harangués au club, c'est-à-dire chez eux, il les convoqua à son tour dans la maison de Dieu, dans ce temple dont ils avaient menacé de forcer les portes et de violer le sanctuaire. « Je vous dirai vos droits comme citoyens, » leur disait-il, mais il ajoutait aussitôt : « Je vous dirai aussi vos devoirs, car ceux qui ne vous parlent que

(1) La *Presse*, du 30 mars 1848.

de vos droits veulent vous faire esclaves..... On vous a dit que vous étiez souverains. Eh bien! vos devoirs comme tels sont les mêmes que ceux que les rois auraient dû accomplir. Ils se sont dit : A qui penserons-nous ? A nous. A qui encore ? A nous. A qui enfin ? A nous. Ils n'ont pas voulu écouter nos persévérantes réclamations; ils n'ont pas voulu de Dieu dans leurs conseils. La loi, disait-on, est athée et elle doit l'être. Dieu s'est retiré : vous savez où ils sont allés!... Voulez-vous conserver tous vos droits ? Ne faites point comme les rois. Si vous ne pensez qu'à vous, si vous ne respectez pas le droit de tous, demain vous perdrez votre souveraineté. » Puis, l'œil toujours fixé sur l'idéal chrétien, tantôt il leur représentait la famille de l'ouvrier comme ayant son type et son modèle dans la famille de Nazareth; tantôt, revenant à la politique : « La République, s'écriait-il, savez-vous ce que c'est ? C'est la chose de tous; c'est le dévouement de chacun à tous et de tous à chacun. » Et, comme plusieurs voix acclamaient la République jusque dans le temple, il ajoutait : « Je pouvais, après l'émotion générale qui s'est manifestée en vous pendant cet entretien, je pouvais crier : Vive la Religion ! Je ne l'ai point fait, parce que, dans cette enceinte sacrée, on ne doit entendre d'autre cri que celui de la prière (1). » (*De toutes parts : Oui! oui!*) Et c'est en revendiquant avec la même fermeté les droits du saint lieu que, quelques jours après, il s'opposait à ce que le chant de *la Marseillaise*, commencé dans la rue, se continuât sous les voûtes de l'église (2).

L'abbé Gabriel avait été, dans le désarroi général, le lien des cœurs et le frein des passions ; les vicaires de la paroisse l'avaient énergiquement secondé. Quelques personnes lui tinrent rancune alors de la hardiesse de son langage, comme si les formes banales d'une éloquence d'apparat auraient pu venir à bout d'une foule ameutée et du peuple souverain ! Cependant, au cours de cette florissante mission, comme pour le récompenser des services qu'il rendait et le venger des vaines attaques dont il était l'objet, l'archevêque l'invitait et même lui enjoignait, au nom de

(1) Une demi-feuille in-4° imp. (Ne se trouve pas à la Bibliothèque impériale.)

(2) Je crois devoir, sur la foi de dignes témoins, maintenir ce fait, qui ne m'a été contesté que par suite d'une confusion. La musique d'un régiment a joué, il est vrai, des airs patriotiques dans l'enceinte de l'église, ce qui arrive encore, même aujourd'hui ; autre chose serait de les y chanter.

l'obéissance sacerdotale, de se porter candidat à l'Assemblée nationale, ainsi que le faisaient plusieurs membres du clergé. Mais autant l'abbé Gabriel insistait pour que le R. P. Lacordaire ne récusât pas cet honneur, autant il était résolu à ne pas le solliciter pour lui-même (1). Il n'aspirait pas à jouer un rôle politique, soit qu'il s'y reconnût impropre, soit plutôt qu'il préférât servir la société et la patrie en restant l'homme de Dieu, à l'abri du temple et de l'autel. Quelles que fussent, en effet, ses opinions et ses sympathies, il ne subordonna jamais les intérêts du ciel à ceux du monde ; il demeura prêtre avant tout et toujours.

Tandis que l'émeute grondait autour du palais Bourbon et faisait irruption dans l'Assemblée, l'abbé Gabriel prêchait tous les soirs le *Mois de Marie,* au milieu d'une affluence considérable. Aux jours orageux avaient succédé les jours de calme. Lorsque le triste soleil de juin se leva sur Paris, Chaillot ne fut pas troublé. Le mois d'août

---

(1) M. Chevé raconte (*Villes et Campagnes,* 9 juillet 1866) que « l'archevêque de Paris crut devoir user de son autorité pour l'y décider, mais que, l'abbé Gabriel lui ayant déroulé une longue liste de faits de l'ordre ecclésiastique et de l'ordre civil et politique qu'il se proposait d'attaquer comme autant d'abus, l'archevêque, quoique peu timide, n'insista pas. »

arrivé, l'abbé Gabriel partit en vacances et l'abbé Noël rentra en possession de sa paroisse. Lorsqu'ils se revirent tous deux, leur premier mouvement fut de s'embrasser et de reprendre leurs relations intimes comme par le passé. Ceux qui s'avisèrent d'accuser d'ambition l'abbé Gabriel ne connaissaient guère sa nature indépendante et son désintéressement. Le vénérable curé de Chaillot ne s'y trompa pas : l'aumônier des dames de l'Assomption demeura, après comme avant les événements, l'hôte assidu du presbytère, le prédicateur ordinaire de la paroisse, l'ami préféré du pasteur, et, ce que bien des gens ignorent, son pénitent. Il l'était depuis quatre années ; il le resta jusqu'en juillet 1861. C'est en effet à cette époque que M. l'abbé Noël, cédant aux menaces de la vieillesse, crut devoir se démettre de sa cure. Il se retira en Auvergne, dans le village où il était né ; une petite église y avait été construite à ses frais ; il avait ménagé dans son logis une chambre pour son cher Gabriel et se promettait bien de le faire prêcher dans son église d'Orjeac, comme naguère dans celle de Chaillot. Ses espérances ne devaient pas se réaliser. Trois mois après qu'il eut donné sa démission (octobre 1861), la Providence le rappela à elle.

Il faut placer ici une circonstance peu connue dans la vie de l'abbé Gabriel. Lorsque Mgr Affre fut frappé à mort sur les barricades, Cavaignac se trouva très-embarrassé de lui nommer un successeur. D'évêque, il n'en connaissait qu'un, celui d'Alger. Il consulte Buchez, à qui il savait quelques relations dans le monde religieux; Buchez porte la question dans un petit cénacle où il était aimé et où il rencontrait l'abbé Gabriel. Le temps presse : on signale déjà des compétitions et des intrigues. Mgr Sibour, évêque de Digne, outre ses mérites sacerdotaux et ses hautes qualités d'écrivain, avait, dès le début de la République, donné une très-vive adhésion au nouveau gouvernement; on décide de le présenter. Buchez se rend immédiatement rue de Varennes et soumet au général le nom de Mgr Sibour, qui est immédiatement accepté. Dix ans après, c'était l'abbé Gabriel qu'on désignait pour porter au Saint-Père la nouvelle du sacrilége assassinat de l'archevêque de Paris.

L'un des derniers décrets du général Cavaignac (1)

---

(1) L'abbé Gabriel aimait à raconter le trait suivant : le résultat des élections présidentielles venait d'être connu. Le général rentre chez sa mère et lui dit : « Me voilà tombé du pouvoir! » — « Vous vous trompez, mon fils, répond cette mère héroïque; dites que vous en êtes descendu. »

2.

(15 décembre 1848) avait nommé l'abbé Gabriel chanoine titulaire à Notre-Dame. Trois ans s'écoulent, et, le 22 décembre 1851, l'archevêque de Paris l'enlevait à sa modeste retraite pour le mettre à la tête de la paroisse Saint-Merry.

IV

L'ABBÉ GABRIEL, CURÉ DE SAINT-MERRY. — SON APOSTOLAT.
1852-1865.

Les qualités de l'abbé Gabriel n'étaient pas celles de l'administrateur : missionnaire il entra à Saint-Merry; missionnaire il y resta. Du haut des chaires où il était monté jusque-là, dressées tantôt dans une église, tantôt dans une autre, il ne pouvait qu'effleurer les âmes par un apostolat de quelques jours ou de quelques semaines. A Saint-Merry, il était chez lui; il avait un public qu'il allait retrouver chaque dimanche, des auditeurs qu'il pourrait initier peu à peu à ses doctrines, des cœurs dans lesquels il répandrait le sien. Si l'on ajoute à cet apostolat public, officiel, celui de la vie privée : les visites aux malades, aux mourants, aux pauvres, les conversations dirigées toutes vers le même but, et ayant toutes le même objet, les réunions de société qu'il ne fuyait pas parce qu'il y portait toujours avec lui le prêtre et l'apôtre de Jésus-Christ, on devine l'influence qu'allait conquérir le nouveau curé de Saint Merry.

C'est l'ardeur de sa foi qui explique chez l'abbé Gabriel son goût pour la prédication et les succès qu'il y obtint. *Credidi, propter quod locutus sum :* telle aurait pu être sa devise. Il ne parlait que de conviction : son éloquence, c'était lui-même. Il recevait la vérité comme un coup de foudre ; il la rendait de même façon à ses auditeurs. Chaque mouvement de son cœur, il le transmettait vite à ses frères ; chaque idée qui lui survenait était pour eux. Qu'il lût ou qu'il causât, en promenade comme dans l'église, dans un salon comme dans son cabinet, il ne vivait, ne parlait, n'écoutait que pour trouver de nouveaux moyens de convaincre. Le secret de sa force était dans son humilité : il s'abandonnait avec confiance à l'inspiration d'en haut ; il ne voulait pas briller, il eût rougi de cette pensée : il voulait faire briller la Vérité. Que dirai-je de plus ? Il fut et il voulut être apôtre.

Comment caractériser cette éloquence? A toute citation il manquerait l'action qui transfigurait les paroles, l'accent du cœur qui cherchait un écho dans toutes les poitrines, la voix vibrante qui frappait les parois du temple et portait témoignage pour l'orateur. Hélas! il faut s'en souvenir! Nous ne pouvons plus revoir que par la pensée cette noble tête, parée de cheveux blancs, cette physionomie animée, ces yeux étincelants, ce geste sobre, naturel, dominateur! Lorsqu'il apparaissait debout dans la chaire, les mains fortement appuyées sur les bords, les yeux arrêtés avec fermeté sur l'auditoire, on reconnaissait tout de suite l'orateur possédé d'une idée qui le maîtrise! Il ne commence pas par un texte : le moule convenu lui fait peur. Il va droit au sujet. Les textes qui manquaient au début se font jour ; il s'en empare pour soutenir sa pensée, il s'élève de plus en plus, coupe son discours par quelque brusque familiarité, remonte sans effort dans les sphères où il planait. S'il a donné trop dans la métaphysique, il s'en aperçoit vite : cet auditoire silencieux n'a pas de mystère pour lui ; au peu d'écho qu'il rencontre en lui-même, il devine le peu d'effet qu'ont produit peut-être ses paroles; il se jette de côté, met en avant des comparaisons sensibles pour commenter son idée. Et si, au moment de finir, il craint que l'auditeur ne soit pas gagné, il reprend sur un nouveau plan la trame de son discours; il expose, apostrophe, interroge, supplie : sa péroraison est le sermon tout entier ! Que les lettrés lui reprochent alors une composition hasardée ; mais au-dessus de ce mérite facile, n'y a-t-il pas celui de convaincre les esprits et de toucher les cœurs ?

Il ne s'embarrassait ni dans les amplifications ni dans les vaines pompes de la rhéthorique ; son riche fonds d'idées et la spontanéité de sa foi lui fournissaient d'assez amples ressources pour que tout appareil ne semblât une entrave à la liberté de sa marche. Aussi, malgré ses grandes facultés oratoires, n'aimait-il pas qu'on vînt l'écouter comme un artiste, comme un prédicateur *de talent* ; cette façon mondaine d'entendre et de distribuer la parole de Dieu lui était insupportable ; s'il s'y laissait aller, ailleurs que dans sa paroisse, il y perdait l'élan, l'expansion, certain abandon qu'il aimait. Cette éloquence de curieux et de désœuvrés, il la répudiait et la méprisait comme indigne de la chaire, indigne de la maison de Dieu et de son ministre : il lui fallait des âmes à convertir, à secouer. Ceux qui n'étaient pas habitués aux empiétements hardis de sa parole s'étonnaient, regimbaient. Au sortir d'une messe de mariage où il avait prononcé le discours d'usage, j'entendais une personne, pieuse pourtant et que les pratiques les plus sévères n'effrayaient pas, dire : « C'est très-bien, mais il remue trop ! » Comme si le ministre de Dieu devait chercher autre chose !

Quelques personnes le trouvaient paradoxal; d'autres, téméraire. C'était faute ou de le bien connaître ou de l'écouter avec attention. L'abbé Gabriel n'avait rien de plus cher que la foi et la soumission la plus candide à l'enseignement de l'Eglise. En chaire, il n'abdiquait pas ces sentiments; mais, préoccupé de convaincre et même de séduire, il ne se faisait pas scrupule de jeter d'abord dans l'auditoire une proposition d'apparence hardie, qui le frappât, le retînt et dominât son attention. Quel était encore son but ? D'ébranler et de détruire, s'il était possible, dans l'esprit et dans le cœur des fidèles, ce culte des formules qui, excellentes en elles-mêmes, deviennent par l'effet de l'habitude des paroles sans âme et des aliments sans saveur. Sous la formule, il voulait qu'on sentît l'Esprit de Vie, c'est-à-dire l'Esprit du Christ. Il jetait l'écorce pour montrer mieux le fruit. De même, cette physionomie moderne qu'il semblait donner aux choses les plus connues n'était qu'un moyen de renouveler non pas la Vérité qui est éternelle, mais le sens de la Vérité, de l'approprier aux besoins des générations qui se succèdent, de tourner en un mot la Vérité du côté du siècle. Il s'appuyait, avec toute l'Église, sur la tradition, mais il croyait aussi que la démonstration n'était pas soumise aux mêmes lois, et que, variant avec l'auditoire, elle devait aussi varier avec les siècles. Grâce à ce mouvement continu où s'agitait sa pensée, grâce à cette volonté courageuse d'aller combattre ses adversaires sur leur propre terrain et par leurs propres idées, son éloquence, comme ses méditations personnelles, ne connaissait ni repos ni redites. Il marchait avec ses auditeurs, ou plutôt devant eux, et sa propre ambition de voir et de sentir toujours davantage imprimait à sa pensée un progrès et un mouvement qui, se traduisant dans son langage, entraînaient les esprits.

Il n'eut, dans toute sa carrière oratoire, qu'une pensée et qu'un thème : le Christ. Sermons, retraites, homélies, discours de charité, instructions familières, conversations intimes, toutes ses paroles s'inspiraient à cette source. « L'Évangile, disait-il (1), est le livre par excellence. J'aime tous les autres livres qui ont pour but de conduire l'homme à Dieu, mais je les aime comme des rayons plus ou moins vifs sortis de l'Évangile; je les aime parce que j'y trouve le nom de Jésus-Christ; sans cela je n'en voudrais pas. » Faisait-il le panégyrique d'un saint, c'est au Christ qu'il rapportait ses vertus, c'est le reflet du Christ qu'il voyait en lui; prêchait-il aux fêtes de la sainte Vierge ou dans le mois qui lui est consacré, il aimait à la représenter comme éclairée de la lumière du Verbe et enveloppée de son auréole. Aux arts, aux sciences, à l'industrie, il rappelait l'Artiste suprême, le Docteur éternel, l'Ouvrier divin : le Christ. C'était dans l'Evangile qu'il cherchait les lois sociales, le contrôle de celles qui nous régissent comme le programme de celles de l'avenir; c'est à l'Évangile qu'il demandait le secret de la science, et l'Évangile répondait : « l'amour; » c'est en s'appuyant sur le

---

(1) Sermon prononcé à Saint-Jacques-du-Haut-Pas sur la connaissance de N.-S. J.-C., le 21 juin 1846, jour de l'Ascension. (*La Chaire catholique*, t. IV, p. 129.)

Christ et sur l'Évangile qu'il établissait la pratique vivante comme le plus haut degré de la philosophie; qu'il lançait, si j'ose dire, le cœur et l'amour à la poursuite des Vérités de la foi, voulant que l'Amour donnât à la Raison des ailes pour s'élever dans l'infini !

Je n'entends pas, en exposant ces préoccupations constantes de sa pensée, faire à l'abbé Gabriel un mérite d'originalité ou d'invention. Nul n'y aspirait moins que lui : les doctrines chrétiennes ne lui semblaient ni un monde nouveau à découvrir, ni une Atlantide à retrouver. Toutefois, serait-il inopportun de remarquer que l'apologétique, telle qu'on l'expose depuis vingt ans dans les plus célèbres chaires de Paris, comporte plutôt des généralités sur le christianisme que l'étude intime de ses dogmes ; que la prédication contemporaine la plus autorisée s'agite dans une sphère où la philosophie et les sciences humaines fournissent presque seules les éléments de la discussion, et qu'enfin, parmi tant de discours, où la fantaisie joue quelquefois son rôle dans les thèses les plus austères, on cite souvent le christianisme et très-peu son fondateur ? Le R. P. Lacordaire semblait avoir lui-même la conscience de ces lacunes de l'apologétique, lorsque, au début des conférences de 1846, il s'écriait : « Seigneur Jésus, depuis dix ans que je parle de votre Église à cet auditoire, c'est au fond toujours de vous que j'ai parlé ; *mais enfin aujourd'hui plus directement j'arrive à vous-même...* »

L'abbé Gabriel, nous lui devons cet éloge, fut moins timide ou plus adroit. Si c'est par crainte de choquer des esprits trop empreints de philosophie qu'on ne leur présente qu'un Christ philosophe, il n'eut pas cette crainte : « Le Christ docteur, disait-il, n'enseigne autre chose que le Christ crucifié. » Il s'est trouvé que par sa hardiesse même à présenter la loi dans sa rudesse, le Christ dans sa divinité, le Christ aussi bien au Calvaire que sur le Thabor, l'abbé Gabriel a été aussi plus habile et sa mission plus efficace. Que cherche-t-on en ne donnant au christianisme qu'un aspect scientifique ? On en fait une doctrine, qui se discute comme une doctrine d'école, tandis qu'il est une doctrine vivante et une doctrine incarnée. Le christianisme n'est ni le dogme d'un homme, ni seulement un dogme : c'est un homme et un homme-Dieu ; c'est Jésus-Christ. Il est trop grand pour qu'il soit possible de diminuer sa taille ; il vit depuis dix-neuf siècles, c'est trop pour essayer de dissimuler sa puissance ; il gagne assez vite les âmes pour qu'on redoute qu'il ne les épouvante ! Prédicateurs, laissez au Christ tout le rayonnement de sa gloire et toute la sévérité de sa doctrine, et vous convaincrez mieux les esprits, frappés de tant de puissance, que ces apôtres incertains qui, flottant entre la philosophie et la foi, n'emploient que des moyens mondains et des arguments philosophiques pour parler de Celui qui n'était pas de ce monde et qui est venu confondre toute science ! Le Christ de l'Évangile, voilà le premier *convertisseur !* Ah ! s'il est sans influence sur les âmes, que pourra faire un système humain, dispersé en lambeaux par les disputes d'école, et qui n'a que des livres à montrer, point d'hommes, de héros ni de martyrs !

La cure de Saint-Merry a été pour l'abbé Gabriel une mission de quatorze années.

Il prêchait presque chaque dimanche, soit au prône, soit à vêpres ; il faisait les retraites de Pâques aux dames et aux pauvresses ; il s'était réservé bien des prédications du carême, de l'avent et de certaines neuvaines ou octaves propres à la paroisse. Dans la semaine sainte, aux grandes fêtes, il se multipliait. Il fallait le voir alors !... Après la grand'messe, en aube et l'étole croisée sur la poitrine, il montait en chaire; ou bien, debout près des balustrades du chœur, il prononçait quelque ardente homélie qui répondait aux mouvements de son âme et au mystère qu'il venait de célébrer. Il ne voulait pas, disait-il, que ceux qui ne venaient à l'église que deux ou trois fois l'an, se retirassent sans une interpellation de leur pasteur, qui les rappelât à leurs devoirs envers Dieu ! Le vendredi saint, il prêchait, à deux heures de l'après-midi, ce qu'on appelle *les sept paroles*. Il n'y manqua jamais. Quel recueillement dans cette foule ! Il oubliait sa fatigue : l'idée seule d'élever la voix à l'heure du divin anniversaire lui rendait toute son énergie. Comment son cœur n'éclatait-il pas ! Son discours ne fut certaines fois qu'un cri d'amour, qu'une agonie de tendresse ! Il y a quelques années, la plus cruelle des nouvelles, la mort de sa mère, lui avait été annoncée le matin même du vendredi saint. Dire qu'il l'aimait, n'est pas assez : il la vénérait encore comme une sainte. Malgré son chagrin, son accablement, il voulut parler. Il parla en effet et avec quelle éloquence ! Les assistants ne savaient pas à quelle source intime et douloureuse il l'avait puisée (1)!

Parmi les auditeurs les plus assidus de cet apostolat, il s'en trouva un, et c'était une dame, qui, pendant huit ou dix ans, recueillit ces prônes, ces sermons, ces instructions de toute sorte que l'abbé Gabriel prodiguait à ses paroissiens. Il l'ignora quelque temps; dès qu'il en eut connaissance, il fut stupéfait d'une exactitude aussi rigoureuse, obtenue sans le secours de la sténographie et par le seul effort de la mémoire. Madame *** écoutait comme tout le monde, je veux dire mieux que personne, et sans prendre aucune note. Rentrée chez elle, elle écrivait le discours d'un bout à l'autre, ou même, si le temps lui manquait, les divisions seulement et quelques textes qui devaient lui servir de jalons. L'abbé Gabriel se reconnut tout entier dans cette reproduction de sa parole : il y était en effet avec l'éclat, le mouvement de son langage, avec ses familiarités et ses brusqueries ; en le lisant après l'avoir entendu, on retrouvait sa voix et jusqu'à son geste. Ce n'était ni un

---

(1) Il célébra, quelques jours après, un service en mémoire de cette mère si chérie. La foule des fidèles, leur recueillement et leurs larmes pouvaient lui faire pressentir ce qu'ils lui réservaient à lui-même d'affection, de souvenirs et de regrets.

abrégé ni une analyse mêlée de citations à demi exactes, mais le discours même, dans son propre texte, tel en un mot qu'il avait été prononcé et qu'une fidèle sténographie l'aurait rendu. Madame *** a fait plus encore ; vers la fin de sa vie, lorsque, douloureusement éprouvée dans le plus précieux des organes, celui de la vue, elle dut renoncer à écrire, par un effort nouveau elle réussit à dicter avec le même bonheur de mémoire. Cette œuvre merveilleuse, qu'une mort prématurée a interrompue, comprend quarante cahiers pour ne pas dire quarante volumes qui portent témoignage du zèle du pasteur, de ses effusions d'apôtre et de la fécondité de son éloquence (1). Et c'est là aussi qu'on pourrait suivre la marche et les progrès rapides de sa pensée, ébauchant au feu de la chaire les ouvrages de philosophie religieuse dont il nous reste à parler pour compléter l'histoire de son apostolat.

---

(1) Je n'ai pu me défendre de rappeler ici le souvenir de cette femme d'un caractère et d'une piété si fermes dont j'associerais volontiers le nom à celui de ces nobles dames de Rome, auxquelles les lettres de saint Jérôme ont assuré l'immortalité de la terre.

V

SES ŒUVRES PHILOSOPHIQUES.

L'abbé Gabriel se prit tard à écrire : il avait cinquante-neuf ans (1855). Jusque-là, il avait prêché : le métier d'orateur et celui d'écrivain sont, comme on sait, bien différents. Il en résulta deux inconvénients qui touchaient l'un et l'autre à la forme et au fond du livre : inexpérience de la composition littéraire, prédominance de la composition oratoire. Au lieu d'arriver par des exposés et des analyses qui s'enchaînent à une conclusion que tous les chapitres du livre ont préparée, il affirme dès l'abord, conclut avant d'avoir discuté, et saute d'un bond à la vérité avant d'en avoir indiqué le progrès et la nécessité logiques. Il montre la vérité plutôt qu'il ne la démontre ; il la fait apparaître sous toutes ses faces, sans en expliquer l'apparition. Non qu'il dédaignât la raison ; il cherchait au contraire à ennoblir et à développer son rôle ; mais il laissait là volontiers les procédés du raisonnement, comme un instrument trop humain pour pénétrer dans les régions surnaturelles de la foi. Avec sa nature toute d'élan, de cœur, d'imagination, il lui fallait des procédés plus rapides et plus sommaires ; il *voyait*, si j'ose dire, et ce sont ces visions, que sollicitait chez lui un effort continu du cœur et de l'esprit, qu'il traduisait ensuite soit pour la foule, soit pour les lecteurs.

L'abbé Gabriel avait beaucoup lu, beaucoup étudié, mais non pas à la façon de ceux qui étudient pour apprendre et qui apprennent pour retenir. Sa mémoire n'était pas un simple récipient, mais un arsenal. Ce qu'il cherchait, c'était une vérité à s'assimiler, un sentiment qui saisît son cœur, une grande image ou une grande idée qui devînt une arme d'apostolat. Il ne demandait qu'un germe au livre qu'il avait lu ou plutôt parcouru ; ce germe, il aimait à le développer, même en le transformant : hérésie ailleurs, telle idée devenait entre ses mains une preuve nouvelle de la Vérité catholique ; embryon perdu dans le coin d'un paragraphe, sous sa féconde imagination elle prenait forme et vie ; confuse, enveloppée dans les langes d'une phraséologie passée de mode, il l'éclaircissait et en rajeunissait l'aspect. On conçoit que cette méthode ne constituait pas la préparation ordinaire pour les formes didactiques et sévères d'un livre ; qu'elle pouvait jeter des éclairs dans sa prédication, animer sa foi jusqu'à l'enthousiasme, lui donner chaque jour l'ardeur du néophyte, enflammer un auditoire : les lecteurs veulent être traités plus froidement.

Quoi qu'il en soit, l'abbé Gabriel, bien qu'il sentît lui-même les difficultés de cette tâche, ne craignit pas de les affronter. Le livre est une des formes de l'apostolat : cela lui suffisait. Dans ses publications, il trouvait encore l'avantage de se recueillir lui-même, de coordonner ses anciens travaux, de renouveler ou de fortifier ses doctrines.

En 1854, il publia, sous ce titre : *Introduction aux principes généraux d'une théodicée pratique* (in-8°), quelques pages, extrêmement concises, qui étaient comme un essai et un programme. Il ne les fit connaître qu'à ses amis et à quelques personnes qu'il consultait par ce moyen.

En 1855, parurent les *Principes généraux d'une théodicée pratique* (1). Bien que ce livre ait, comme l'indique son titre, un certain caractère scientifique, il ne faut pas le lire comme un traité de philosophie, exposant et développant les questions *ex professo*. Chaque chapitre est plutôt une série d'aperçus qu'un ensemble didactique, méthodique et complet. Quoi qu'il en soit, c'est l'œuvre la plus solide et la plus réfléchie de l'abbé Gabriel ; sous le rapport littéraire, c'est aussi la plus brillante. Il a contenu, il a précisé son langage, tout en lui laissant son éclat. Combien de pages mériteraient d'être détachées et qui pourraient passer pour des modèles d'éloquence philosophique ! J'ignore quelle destinée attend ce livre ; du vivant de l'auteur, bien des personnes se sont effrayées du titre ou de la physionomie germanique de quelques termes ou des matières mêmes dont il traite ; les mêmes personnes, moins prévenues, se laisseront-elles aller à l'ouvrir ? Daigneront-elles essayer de le comprendre et plonger les yeux dans ces prétendus mystères dont leur timidité a seule amassé les ténèbres ? Pour moi, quand je feuillette ces pages que j'ai entendu prononcer, que j'ai

(1) Pélagaud, éditeur. In-8°, XXII-430 p.

vu écrire, dont j'ai suivi tous les progrès soit dans la pensée de leur auteur, soit dans le livre lui-même, les premiers sentiments d'admiration que je ressentais alors se raniment plus énergiques et plus profonds ; je laisse de côté ce qu'il dédaignait lui-même, la formule scientifique, les nouveautés et, si l'on veut, les fantaisies du vocabulaire ; et je me demande, aujourd'hui comme alors, dans quel livre de philosophie contemporaine, laïque ou ecclésiastique, je rencontrerais une foi aussi chaleureuse, un coup d'œil philosophique aussi rapide et aussi hardi, plus de sobriété, plus de force et plus d'élan dans le style.

Les livres de cette sorte, publiés par un prêtre et traitant de matières qui servent souvent de texte aux discussions d'école, suscitent toujours quelques ombrages : l'abbé Gabriel n'y échappa pas.

Dès le mois de juillet 1855, un article étendu, émanant des *Annales de philosophie chrétienne* (1), signalait des erreurs ou des contradictions portant sur la nature des corps et la réalité de la matière, sur la nature des esprits, sur l'idée de substance, sur celle de personnalité, sur l'indéfini, sur le Verbe divin, le tout appuyé de citations. L'abbé

(1) N° 67, juillet 1855.

Gabriel n'était pas homme à fuir la lutte ; il répondit d'abord immédiatement. Sur ces entrefaites, l'archevêque, Mgr Sibour, lui offrit d'apaiser le différend en soumettant l'ouvrage à une commission de théologiens. Si bienveillante que fût cette proposition, l'abbé Gabriel ne crut pas devoir l'accepter et préféra s'en remettre au jugement du Saint-Siége.

Il partit pour Rome, où l'avait précédé un second article dont la publication dans les *Annales* avait été suspendue, comme l'avait été sa réponse. Le Saint-Père daigna nommer un théologien pour examiner l'ouvrage.

Le 19 novembre 1855, l'abbé Gabriel écrivait de Rome, au rédacteur des *Annales*, la lettre suivante (1) :

« *Les Principes généraux d'une théodicée pratique* ont été examinés *officieusement*, par ordre du Souverain-Pontife, et il a été reconnu que ce livre ne contenait rien ni contre le dogme, ni contre la doctrine, ni contre la morale. *Quelques* expressions m'ont été signalées comme *inexactes*. C'est sous les yeux du savant examinateur de mon travail que je les ai rectifiées. *Ces corrections*, je vais les publier... C'est à Rome, Monsieur, que tous les écrivains et les juges de leurs ouvrages devraient venir apprendre

(1) *Annales* n° 71, novembre 1855.

dans quel esprit il faut défendre la vérité, attaquer l'erreur et discuter les simples opinions. La Charité, cette grande loi de l'Évangile, y gagnerait beaucoup. Maintenant, Monsieur le rédacteur, je dois vous dire la résolution que j'ai prise pour l'avenir ; je ne relèverai les attaques qu'à la condition qu'elles seront faites à armes courtoises ; je ne m'occuperai jamais de ceux qui, pour quelque motif que ce soit, tronqueraient les passages de mes écrits, dénatureraient mes formules et s'appliqueraient à détourner le sens de mes expressions. Je me ferai un devoir et un bonheur, dans tous les cas, de communiquer d'abord mes réponses à Rome, lorsqu'il s'agira surtout de mes dogmes, parce que j'ai la certitude que là les conseils ne manquent jamais à celui qui a recours à elle avec les sentiments d'un fils pour sa mère. »

A la suite de cette lettre, les *Annales* publiaient quelques pages d'éclaircissements « écrites à Rome sous les yeux du savant théologien chargé d'examiner le travail. » Rome, suivant son usage, s'était montrée plus libérale que les critiques d'en deçà des monts ; sur les six chefs incriminés, elle n'en avait retenu que deux : encore ne demanda-t-elle que des explications ou des rectifications sans importance, qui touchent moins à la pureté du dogme qu'à la sévérité du langage adopté dans les matières théologiques. En lisant ces pages (in-8°, 6 p.), annexées depuis à l'ouvrage, on ne comprend guère les éclats et les terreurs du philosophe des *Annales* (1).

Dès 1857, l'abbé Gabriel fit paraître un nouveau volume : *De la vie et de la mort des nations* (in-8°, XLIII-464 p.) (2). En tête, on lit cette dédicace : *A Sa Sainteté Pie IX, hommage d'amour filial, d'inviolable fidélité et de reconnaissance éternelle.* Il ajoutait :

« Nous sommes allé présenter nous-même ce livre à Rome (3). Un théologien désigné à cet effet l'a examiné, et a déclaré qu'il ne contenait rien contre la foi, la doctrine et la morale. Quant aux opinions libres qui peuvent s'y trouver, nous seuls en demeurons responsables. Immuable comme la Vérité éternelle dont elle est l'auguste dépositaire, Rome laisse à l'esprit humain l'essor de son incessant développement. Tout en préservant de la moindre atteinte le sanctuaire des divines Vérités que l'Église a reçues du Ciel, elle laisse à tous le droit de creuser ses insondables profondeurs, pour en faire jaillir une lumière toujours plus éclatante. Nulle part sur ce point on ne saurait trouver une liberté plus complète et plus

---

(1) Il parut sur cet ouvrage des appréciations très-favorables dans plusieurs journaux ; citons, par exemple, une série d'articles dans l'*Univers*, et, dans le *Journal des Débats*, une analyse consciencieuse de M. Étienne Delécluze, qui laissait pressentir la renaissance prochaine de sa foi.

(2) Pélagaud, éditeur.

(3) Il fit de même pour le troisième volume : *Le Christ et le Monde*, dont nous parlerons plus loin.

vraie. Aussi est-ce avec un amour filial que nous lui soumettons de nouveau ce travail. Unité, dans la liberté, par la Charité, voilà l'inscription que nous avons lue au frontispice de la ville éternelle, de l'arc des Césars au fond des catacombes... »

L'abbé Gabriel, dans ce volume, écarte non-seulement la métaphysique, mais l'apparence scientifique ; il s'abandonne à son cœur. Il veut que son livre soit « le *vade-mecum* d'une fondation sainte qui doit replanter au cœur même de la société l'étendard outragé du Christ ; » il veut, reprenant hardiment l'initiative des anciens jours, « souffler à pleins poumons sur le monde, sous la forme nouvelle où chaque siècle se l'approprie, l'esprit toujours vivant de l'Église et des saints (1). » Et pour organiser cette rénovation, il remonte au principe même du christianisme : « Ce qui fait le chrétien, dit-il, c'est l'amour divin et non l'idée, la pratique réelle et vivante et non la formule vide et morte. Sans doute la loi d'amour implique nécessairement la formule qui l'exprime ; mais cette formule, née de l'amour, exprimée par l'amour, vérifiée par l'amour, est la forme de la loi, elle n'en est pas

(1) Page 3.

l'esprit. Voilà pourquoi dans l'Évangile et la primitive Église l'amour semble tout et est véritablement tout dans la pratique, bien qu'il implique les dogmes qui, pour être souvent à l'état virtuel et latent, n'en sont pas moins précis. On ne voit la formule pour ainsi dire nulle part; aujourd'hui ne dirait-on pas qu'elle est tout (1)? » En vertu de cette appréciation sur les sociétés modernes, il appelle à leur secours la vertu vivifiante des anciens âges : la charité, l'amour; comme conséquence, les lois de solidarité, de responsabilité et de réversibilité sociales, qui, vivantes et organisées au sein de l'Église, doivent imprimer leur cachet sur les institutions civiles et politiques.

(1) Page 53.

VI

SES ŒUVRES PHILOSOPHIQUES DEVANT LA CRITIQUE.
M. AD. GUÉROULT ET M. ALAUX.

Ce second ouvrage, accessible à plus d'esprits, en attirant l'attention publique, la rappela sur le premier. Parmi les journaux et les revues qui examinèrent soit les deux œuvres à la fois, soit la seconde seulement (1), il faut signaler les articles de M. Guéroult dans la *Presse* (novembre 1857), et une étude approfondie de M. Alaux dans la *Revue contemporaine* (15 juin 1860).

M. Guéroult, dans une série d'articles suivis de

(1) L'*Univers*, 25 mai 1857; la *Revue philosophique et religieuse*, 1er juillet 1857. L'abbé Gabriel répondit dans cette dernière Revue à l'article de M. Lacombe. M. Guéroult a réimprimé ses articles, les lettres en réponse de l'abbé Gabriel et ses propres répliques dans un volume intitulé : *Études de politique et de philosophie religieuse*, publié en 1863, quelques mois avant les élections.

réponses de l'abbé Gabriel et doublés de répliques à ce dernier, puis à la *Gazette de France* et à l'*Univers*, qui s'étaient jetés dans la querelle, attaquait moins l'auteur des ouvrages qu'il avait à examiner que le christianisme, opposant aux principes de renoncement et de sacrifice les principes contraires proclamés par l'école saint-simonienne : puis ces reproches vagues d'immobilité et d'inertie que tous les faits contredisent et que l'abbé Gabriel eût été le dernier à mériter.

L'abbé Gabriel, en effet, n'était pas de ceux qui, par goût du paradoxe ou par des vues étroites, condamnent la science, l'art, l'industrie, ces trois grands instruments d'une société! Mais il accusait leurs tendances et, si j'ose dire, leurs mœurs. En face des sociétés antiques, en face aussi de celles du moyen âge, où chaque institution, chaque manifestation éclatante de l'esprit portait le sceau d'une foi commune et d'une doctrine religieuse, il exposait le dénûment moral de notre société, séparant la science de son principe divin, l'art de son idéal éternel, l'industrie de ses destinées libératrices de la matière. Il ne repoussait aucun des efforts de la vie moderne; il acceptait toutes les améliorations matérielles, à la condition que la matière restât matière, c'est-à-dire la subordonnée de l'esprit, et que les pratiques de la jouissance, auxquelles aboutissent, en fait, tous ces prétendus progrès, fussent remplacées par celles du sacrifice et de l'abnégation. Kepler et Pascal s'étaient-ils abâtardis dans l'ascétisme, et quel savant fut plus rigoureux à lui-même que l'austère disciple de Port-Royal? L'une des grandes distinctions de l'Exposition de 1867 a été décernée à qui? Au P. Secchi, de Rome, pour ses travaux météorologiques et astronomiques, comme pour démentir, par la bouche même de l'Industrie triomphante, les ridicules préjugés qu'on répand sur la Rome des Papes. Les architectes de nos cathédrales étaient-ils frappés d'inertie, et quels esprits furent les plus féconds ou de ces artistes d'autrefois ou de ceux d'aujourd'hui qui, impuissants d'invention, mêlent les styles du passé dans une confusion sans charmes et ne savent pas plus bâtir un théâtre qu'une église!

L'abbé Gabriel croyait au progrès : il voulait le sentir en lui-même et le développer parmi ses frères. Il croyait au progrès dans une double direction, celui de l'esprit, celui de la matière, et il reconnaissait volontiers que notre siècle réalisait le progrès dans la matière. « Mais vous, s'écriait-il, qu'êtes-vous devenus? Quels progrès a faits votre vie spirituelle et morale? Où en êtes-vous de l'intelligence et de l'amour de Dieu, de la vérité de votre nature, de la famille, de l'unité sociale, de vos destinées suprêmes? (1) » Il voulait aussi le progrès intellectuel : il le montrait comme la loi de l'humanité, comme la loi des anges eux-mêmes. Citons l'une de ses plus belles pages : « Lorsqu'on n'admet que la méthode d'autorité, on semble dire par cela même que la science de la vérité ne doit point s'étendre au delà de ce qu'ont enseigné les écrivains qui ont vécu dans le passé. Est-ce qu'il n'y aurait que ténèbres là où le génie et la sainteté n'ont pas arrêté leur regard ardent? Si c'est un crime d'ajouter quoi que ce soit au passé, le passé n'a-t-il pas lui-même commis ce crime en innovant sur ce qui était avant lui? Vous voulez par exemple qu'on ne puisse rien ajouter à saint Thomas; pourquoi donc saint Thomas a-t-il ajouté lui-même à saint Augustin et saint Augustin à ceux qui l'ont précédé?... La vérité est la vie éternelle, la vie infinie; jamais elle n'aura dit assez

(1) *Principes généraux d'une théodicée pratique*, p. 410.

ce qu'elle peut dire à l'humanité... La vérité ne progresse pas sans doute, puisqu'elle est immuable comme Dieu et sa révélation; mais c'est l'homme lui-même qui progresse dans le sentiment, l'intelligence et la pratique de cette vérité (1). » Enfin, n'est-ce pas l'abbé Gabriel qui, cherchant l'esprit sous la formule, voulait que le cœur battît à tous les instants de la vie, comme pour attester à une foi de plus en plus vive l'éternelle Vérité?

L'article de M. Alaux, dans la *Revue contemporaine*, n'avait pas ce caractère de généralité vague et de polémique antireligieuse; il étudiait l'œuvre en philosophe, et spécialement le premier volume.

Son jugement se résumait dans les lignes suivantes : « L'abbé Gabriel s'élève avec force contre cette philosophie d'abstractions creuses, d'orgueilleuses et vaines spéculations qui ne descendent pas jusque dans les entrailles de la vie. Non qu'il ne soit lui-même très-spéculatif; c'est même un des caractères les plus marqués de son livre, qu'une grande hardiesse de regard qui ne recule pas devant la profondeur des plus redoutables abîmes et que les hauteurs où l'on prend le vertige ne troublent ni n'épouvantent

(1) *Principes généraux d'une théodicée pratique*, p. 420.

pas, et je ne crois pas qu'il se soit publié dans notre temps beaucoup d'ouvrages d'une métaphysique aussi résolue; mais les espaces de l'infini ne lui font pas perdre la terre d'où il s'est élancé et où il revient sans cesse; la raison qui l'a conduit si haut ne l'enivre pas; il n'oublie pas que la raison, qui est la lumière de l'homme, n'est pas tout l'homme, etc., etc. » Et ailleurs : « Une chose remarquable dans cette théodicée, c'est que, à l'encontre de toutes les théodicées qui se sont faites et qui se font, elle ne contient pas une seule preuve de l'existence de Dieu. Dieu y est affirmé, comme le monde, par un acte de foi. On ne démontre pas l'existence de la matière ; on y croit parce qu'on la voit, parce qu'on la sent ; de même on voit, on touche, on sent Dieu, indépendamment de toute preuve, etc. »

Je ne veux pas omettre les critiques qui, entendues avec mesure, ne manquent pas d'un certain fondement et que compensent d'ailleurs de vifs éloges : « Peut-être cette méthode rigoureuse fait-elle un peu défaut au livre de M. l'abbé Gabriel. Il procède volontiers par intuition quand il ne devrait procéder que par un raisonnement clair et suivi : une imagination métaphysique et mystique, grande et pleine d'élans, pleine de cœur, si je peux le dire, gouverne sa pensée..... Un commentaire original et hardi de la foi catholique, quelque chose comme les écrits puissants des anciens pères, surtout des pères alexandrins, avec lesquels il soutient plus d'un rapport d'idées, d'inspiration et de style ; voilà ce livre. Je ne lui reproche pas de manquer de méthode, mais j'en voudrais parfois la méthode plus sévère..... »

Enfin, et ce sera la dernière citation : « Cette foi qui ne craint pas la raison, cet amour du progrès trop rare en certain lieu, ajoutent un singulier prix à un livre déjà bien remarquable et qui restera, je n'en doute pas, un des titres d'honneur du clergé de notre temps. L'amour du progrès est une des formes les plus saillantes du sentiment religieux qui pénètre, qui anime, qui agite comme un souffle ardent, ces pages profondes, élevées, pleines de belles prières, pleines d'aspirations vers l'Esprit..... C'est dans un siècle comme le nôtre qui, les yeux ordinairement fixés sur la terre, se glorifie de son progrès, qu'il est bon de lire et de relire e livre dont je viens de parler, ne fût-ce que pour se rappeler la véritable condition du progrès et pour ne pas oublier tout à fait le Ciel. »

Après la publication de ces deux volumes, l'abbé Gabriel cessa quelque temps d'écrire : le troisième volume, *le Christ et le Monde* (1) ne parut qu'en 1862 (in-8° LXIII-424). Il se ressentait des douloureuses préoccupations qui agitaient l'Église : en Italie, violation du territoire pontifical par les troupes du Piémont; en France, luttes religieuses au Corps législatif, au Sénat, dans la presse; surveillance rigoureuse des institutions catholiques, de la Société de Saint-Vincent-de-Paul et même de l'épiscopat ; dans le monde scientifique, invasion des écoles théologiques allemandes, transportant dans le domaine religieux les négations philosophiques de Hegel et de Feuerbach. Si, du premier ouvrage au second, l'élément philosophique a diminué d'importance, il s'atténue encore davantage dans le troisième. Abstractions, métaphysique, méthodes, formules sont mises de côté pour ne laisser apparaître que le Christ et le monde dans leur antagonisme persistant. Il faut l'avouer d'ailleurs, la prédication

(1) Périsse frères, éditeurs.

fournissait à l'abbé Gabriel un moyen si approprié à sa nature d'exposer les doctrines qu'il avait recueillies à l'école du Christ, que ses derniers ouvrages devaient se ressentir de plus en plus de ses habitudes oratoires. L'éloquence y prend ses aises ; la physionomie de l'auteur n'en souffre pas, et j'ajouterai même que sa nature se découvre mieux dans ces pages ardentes, dans ces expositions mêlées d'apostrophes et d'épanchements pieux que dans la contrainte du style philosophique (1).

J'ai parlé longuement de ses livres, plus longuement qu'il n'en parla jamais. L'ouvrage publié, il n'y songeait plus : c'était une formule qu'il voulait dépasser et remplacer par une autre, et, ne fût-ce que comme formule, il la dédaignait. En avançant en âge, cette indifférence pour ses propres ouvrages s'étendait peu à peu au livre en général ; il n'estimait plus que les arguments d'une vie sainte, que l'irréfutable et permanente réalité de l'amour : « Le Christ n'écrit rien, il agit, il aime, il aime jusqu'à la mort et à la mort de la Croix. Ses apôtres l'imitent, et si plusieurs nous

---

(1) La *Revue du monde catholique* publia dans son Bulletin, deux articles étendus sur cet ouvrage (10 janvier et 10 mars 1863). Voir aussi le *Journal des Villes et des Campagnes,* 9 avril 1863.

ont laissé quelques écrits qui ne sont que des lettres, c'est que ces lettres elles-mêmes sont des actes vivants, monuments éternels de leur amour. Pourquoi ces premiers siècles de l'Église sont-ils plus beaux? C'est qu'alors on écrivait la religion avec la vertu, la charité et le sang qu'on versait pour elle. » (*Principes généraux*, p. 84.) Oserai-je dire que l'abbé Gabriel était de cette école divine et par la doctrine et par les actes? Ses livres le révèlent moins que ses prédications; ses entretiens familiers le révélaient mieux encore. Pour le connaître, il fallait le voir, et, du premier coup d'œil, on le devinait tout entier. Livres, sermons, discours de toute sorte, c'était de la doctrine écrite ou parlée; il voulait être, et il fut une doctrine vivante. Les livres vieillissent; les sermons d'un prédicateur, quoi de plus éphémère? Mais, dans ce flot d'oubli qui engloutit si rapidement les œuvres de l'homme et l'homme lui-même, le dernier souvenir qui surnage, c'est celui de la personne, lorsque, comme chez l'abbé Gabriel, la franchise du caractère et la loyauté du cœur dominent les qualités les plus brillantes de l'esprit. Ses amis ne l'oublieront pas, et qui ne le fut, de tous ceux qui l'ont approché?

VII

SES AMITIÉS.

L'abbé Gabriel ne connaissait pas les hésitations, les lenteurs, la circonspection des amitiés qui s'essayent, se forment peu à peu, se défont presque, puis se renouent avant de devenir profondes et durables. Il aimait du premier coup, du fond du cœur, et il vous prenait de même. C'était un assaut : on était conquis tout de suite. Lui présentait-on un jeune homme ? Il lui offrait ses deux joues, l'accueillait avec sympathie, s'enquérait immédiatement de son état spirituel : tout cela un peu brusquement, mais sans indiscrétion. Il causait devant le nouveau venu avec la même liberté que devant ses anciens amis, l'admettant immédiatement à son intimité d'esprit, ne parlant pas des banalités mondaines ou ne paraissant que les tolérer pour ramener l'entretien à l'éternel sujet de ses méditations. Il fallait l'entendre parler de ses amis ! Il y mettait bien un peu de l'hyperbole méridionale, mais de quel cœur, de quel amour ! Il voyait avant tout leurs bons côtés, ceux par lesquels ils se distinguaient d'autrui, non les médiocres, par lesquels ils se rapprochaient du vulgaire. Dans sa paroisse, autant il visitait de familles, autant il se créait de foyers d'affection; le seul reproche qu'on lui fît, c'est que, après avoir inspiré pour sa personne tant d'enthousiasme, il portât ailleurs, suivant les exigences du ministère, une trop éphémère assiduité.

Il paraissait inconstant à quelques-uns : il ne l'était pas. Je lui ai connu de nouveaux amis; je n'ai jamais vu s'éloigner les anciens.

Avait-il cessé quelque temps de vous voir, s'il parlait de vous, c'était sur un ton d'enthousiasme qui ne se ressentait guère de votre éloignement momentané. Que de fois il nous a entretenus d'amis qu'il avait pratiqués, vingt-cinq ou trente ans auparavant ! Il avait la mémoire du cœur : son vieux curé de Sorèze, qui l'avait élevé, conseillé, dirigé dans sa jeunesse, revenait sans cesse dans ses conversations. Enfin, absorbé par le ministère, disputé par le monde, auquel il ne s'est jamais que prêté, assiégé chez lui par les visites, prêchant, écrivant, confessant, exact aux plus minutieux devoirs de sa charge, il ne fermait jamais sa porte aux amis de cœur ; il faisait afficher des écriteaux et des consignes qu'il était le premier à violer. S'il voulait parfois s'appartenir davantage, ce n'était qu'un caprice ; il se rendait bien vite à tous.

Ses amis n'étaient pas des adulateurs ; il aimait la contradiction et détestait la flatterie. Franc comme il était, il croyait volontiers à la franchise; mais il châtiait durement la duplicité quand il l'avait découverte. En revanche, la beauté d'une âme le ravissait ; ce qu'il demandait à ceux qu'il adoptait pour amis, c'était le goût de la vie morale, de la vie chrétienne, l'élévation vers les choses spirituelles, l'aversion pour la médiocrité, la vulgarité et la bassesse. Il ne se connaissait pas de pitié pour les vilenies, et, pour ceux qu'il en croyait capables, son silence n'était pas moins redoutable que ses paroles. Heureux ceux qu'il a jugés dignes d'avoir et de conserver pour amis ! Il se reflétait dans leurs âmes, et c'était leur honneur qu'il les acceptât pour miroir de la sienne !

Dans ces réunions tout amicales et intimes, l'abbé Gabriel était plein d'entrain et de séduction. Il n'avait pas l'esprit de conversation, sachant aussi peu écouter qu'il savait peu lire, riant volontiers d'un bon mot et bruyamment, mais incapable et se souciant peu d'en être l'auteur : il fallait qu'il parlât seul et que l'auditoire s'absorbât en lui. Il exposait avec autorité, il racontait avec charme. Tantôt, fidèle à ses constantes préoccupations, il révélait ses méditations de la matinée, il esquissait son prochain sermon, il résumait le dernier, et, s'éprenant des doctrines dont il s'était fait l'organe, il s'écriait naïvement : « C'est magnifique ! » Car il ne se bornait pas à aimer la vérité, il l'admirait en artiste. Tantôt, l'esprit un peu fatigué, il aimait à le détendre dans un récit familier sur ses voyages, ses anciennes relations, ses années de séminaire, de professorat, d'études, de prédication. Que de fois, après ces entretiens, ne me suis-je pas promis de rédiger quelques notes ! Mais je me fiais à ma mémoire, je me fiais surtout à sa vie : comment supposer qu'elle s'interromprait sitôt ?

O notre pasteur ! apôtre vénéré de nos âmes ! ami le plus regretté et le plus cher, comme vous nous manquez ! Qui nous rendra ces conversations d'où l'on sortait toujours l'esprit plus haut, le cœur plus sain, la vie pour ainsi dire transfigurée ? Près de vous, on habitait une atmosphère de sérénité; l'air de la rue, l'air du siècle était loin, et c'était celui de l'Evangile que vous nous faisiez respirer !

VIII

SA RETRAITE. — IL EST NOMMÉ CHANOINE TITULAIRE
DE NOTRE-DAME.

Malgré les sympathies qui s'étaient groupées autour de lui, l'abbé Gabriel avait, depuis quelques années, conçu le projet de se démettre de sa cure. Sur les instances de ses amis, il en ajournait l'exécution, mais n'y renonçait pas. Cependant, sa santé s'altérait; plusieurs fois il avait dû se rendre aux eaux de Carlsbad, en Bohême, puis à celles d'Aix, en Savoie. En 1865, il fut menacé d'une laryngite; la prédication lui devenait difficile : elle lui fut défendue comme périlleuse. Les absences fréquentes que son état maladif rendait nécessaires lui semblèrent, non moins que le silence auquel il était condamné, un avertissement de la Providence de ne pas balancer davantage, et, dans les vacances de 1865, sa résolution fut arrêtée. Il ne souffrait même pas qu'on la discutât, considérant comme un devoir de conscience de quitter un ministère qu'il ne se croyait plus apte à remplir dans sa partie du moins la plus importante, l'apostolat public.

Il fixa, dès lors, le jour de sa retraite : ce devait être le lendemain de Noël 1865. Il avait accepté, le 15 août précédent, sur le désir de l'archevêque, le titre de chevalier de la Légion d'honneur. Les derniers mois de son séjour à Saint-Merry s'écoulèrent à hâter les travaux de restauration intérieure de l'église et à l'édification d'un nouvel autel, qui fut consacré solennellement par Mgr Darboy, le 29 octobre. L'abbé Gabriel, à qui l'état de sa gorge ne permettait pas de monter en chaire, ne resta pas néanmoins, dans cette circonstance, sans communication avec les fidèles. Il publia quelques jours auparavant et leur fit distribuer une petite brochure (in-8°, 22 p.) où, dans la première partie, il exposait la liturgie et le sens des prières de la consécration, et, dans la seconde, le symbolisme de l'œuvre d'art. Ce fut le dernier travail qu'il fit imprimer.

Le jour de Noël arriva sans qu'il eût averti ses paroissiens ; il craignait l'éclat des adieux et préféra n'en pas faire. Mais avec quelle émotion il célébra cette messe de minuit, la dernière messe de Noël qu'il dût célébrer à Saint-Merry et sur cette terre! Avant comme après la communion, il quitta l'autel, suivant son usage, pour parler aux fidèles, et, sous les voiles du langage, nous, les confidents de ses projets, nous devinions les souhaits affectueux, les derniers souhaits du pasteur! C'est ce jour-là, jour de douloureuse angoisse et pour son âme et pour les nôtres, que son ardente parole s'épancha pour la dernière fois sur une foule assemblée!

Le sacrifice fait, il n'en sentit plus le poids. Quelques jours après (13 janvier 1866), il écrivait d'Amélie-les-Bains, où le soin de sa santé l'avait conduit : « Je suis heureux de me reposer dans cette solitude, et volontiers j'y dresserais ma tente jusqu'à la fin de ma vie, si j'avais autour de moi ceux que j'aime... Je travaille beaucoup. Je suis émerveillé de ma liberté ; je la voudrais plus étendue encore. Je crois que sous son souffle aimé je renouvellerai non pas peut-être le corps mais l'âme. Je suis tout préoccupé d'être utile à mes frères... » Et le 1ᵉʳ mars : « Le bruit me fatigue, le va-et-vient des hommes me fait mal. J'ai peur de la fièvre qui les agite dans le vide de toutes les passions. Et puis, on finit par s'en aller comme un troupeau de Panurge, poussés les uns par les autres. Pas d'originalité, pas de spontanéité, mais des échos. Eh bien! à tout cela nous participons plus ou moins et c'est pour moi une souffrance que je ne puis vaincre. »

Il revint en avril à Paris. Sa nomination de chanoine titulaire à Notre-Dame (27 mars 1866) l'y avait précédé. En attendant que sa santé, déjà améliorée, fût tout à fait rétablie, il partageait son temps entre ses devoirs de chanoine, la direction de quelques âmes qui n'avaient pas voulu se laisser abandonner et ses fonctions de supérieur des Sœurs de Saint-Merry et des Dames auxiliatrices des âmes du purgatoire. Cette dernière œuvre était née sous ses yeux et sur sa paroisse; il l'avait présentée à l'approbation de l'archevêque de Paris en 1856, et plus tard à celle du Pape. Après avoir été dix ans l'objet de ses prédilections, ce couvent de la rue Barouillère devint, au moment de sa retraite, le refuge de son zèle et le dernier théâtre de son éloquence. Il avait des jours fixes pour y venir ; son cœur l'y ramenait plus souvent encore. Il se sentait aimé, vénéré, écouté dans cette paroisse d'âmes d'élite qui ne formaient qu'une âme, dans cette communauté chrétienne embrassant d'un même amour et ceux qui souffrent en ce monde et ceux qui l'ont quitté. A ces douces occupations, il avait joint la rédaction de quelques fragments philosophiques. Au sein de ces loisirs dans lesquels sa santé se retrempait, il renaissait à l'espérance de reprendre ses prédications ; comblé d'amitié, d'attentions, de respect, il écrivait à quelqu'un : « Je suis trop heureux ; il est impossible qu'un pareil bonheur puisse durer ! »

IX

SA MORT.

Le 11 juin 1866, il partit pour la Bretagne. Quelques heures auparavant, il s'était rendu rue Barouillère. Il était, dit-on, ému et comme inquiet. Il réunit autour de lui toute la communauté et, ce qui arrivait fort rarement, il donna sa bénédiction. Il retint les dames conseillères et causa longtemps avec elles. « Je pars, disait-il, mais au premier signal je reviens. » Il voulut se confesser, se retira dans l'oratoire et pria longtemps. Le lendemain, il arrivait à Poul-ar-Vilin (1), dans cette maison hospitalière où, chaque année, il aimait à retrouver un ami dévoué et les charmes de

(1) A 6 kilomètres de Brest, dans le large bras de mer qu'on appelle la Rivière de Landerneau.

la solitude. « On y est plus chrétien, m'écrivait-il de là, on y aime davantage ses semblables. » Et peu de jours avant sa mort : « Viendrez-vous faire une visite au châtelain de ces lieux? Y a-t-il d'ici à la fête du 15 août quelques jours de vacances pour vous? Profitez-en si vous le pouvez. Vous savez combien notre ami en serait heureux. Vraiment, je bénis Dieu tous les jours de l'avoir placé sur mon chemin. » — J'ai franchi, mais sans le rencontrer à l'arrivée, le seuil de cette maison; j'ai parcouru l'allée où il se promenait, son bréviaire à la main; j'ai prié dans la chapelle domestique où, chaque matin, il montait à l'autel; je me suis assis sous les hêtres, à cette place qu'il avait choisie, à l'abri du vent d'ouest, en face de la mer dont les spectacles l'enivraient, presque en face de l'endroit où il devait périr; j'ai tout vu de ce qu'il aimait sur ce coin de terre armoricaine, mais il n'y était plus, sinon pour le souvenir!

C'était le mercredi 4 juillet. Le matin, par un mouvement de piété filiale qu'on a interprété depuis comme un pressentiment involontaire, il revêtit l'ornement noir et offrit le saint sacrifice en mémoire de son père et de sa mère. Après déjeûner, vers midi, il partit avec son hôte pour une promenade en mer. Un vieux pêcheur du voisinage les accompagnait. A peine au milieu de la rivière, la brise fraîchit, la voile masque, et, par un faux mouvement de barre, le canot chavire. L'abbé Gabriel tombe à l'eau et s'écrie : « Qu'est-ce que...? » Il n'achève pas : la vague l'a déjà couvert. M. M***, qui est tombé après lui, le saisit par le bras ; mais le poids l'accable : ils coulent tous deux à une grande profondeur. Quelques instants après, M. M*** remontait à la surface seul, épuisé, appelant du secours. De la grève on entend les cris ; une barque arrive et recueille mourants M. M*** et le matelot. A peine avaient-ils atteint le rivage que le flot y roulait un cadavre, et, dans cette maison d'où une heure auparavant il était sorti plein de vie, on ne ramenait que les restes inanimés de notre infortuné pasteur.

Ainsi mourut l'abbé Gabriel ! Mort étrange, foudroyante, à laquelle personne ne pouvait croire. Certes, il ne la prévoyait pas si proche, bien qu'il s'y préparât sans cesse, et nous-même, à ces heures où l'âme est triste, lorsque nous nous représentions le moment de la séparation, non-seulement nous le placions bien loin dans l'avenir, mais nous n'imaginions qu'une mort paisible, un lit entouré d'amis, les adieux et les bénédictions suprêmes tombant sur nous de ses lèvres, éloquentes jusqu'au dernier jour. On s'est souvenu depuis que, dans l'un de ses entretiens familiers de la rue Barouillère, parlant de la fin qui nous attend tous, il l'aurait souhaitée pour lui plutôt soudaine que lente ; il redoutait les infirmités morales que la vieillesse amène parfois avec elle ; il aurait même dit : « Est-il un plus beau linceul que les vagues de l'océan ? » C'était son imagination, son exubérante imagination, qui formait ce rêve ; à peine exprimé, il n'y songeait plus ; mais la Providence s'était réservé de l'accomplir.

Quelques jours après, le 9 juillet, par la même porte que nous avions tant de fois franchie pour aller voir au presbytère notre cher curé, nous entrions dans la chapelle funèbre où son corps était exposé. Les obsèques eurent lieu le lendemain à Saint-Merry et à Notre-Dame. L'affluence augmentait avec l'espace destiné à la contenir : l'immense vaisseau de la métropole était comble. Dans le trajet de l'église à la cathédrale, les passants s'arrêtaient et formaient la haie ; la tête du convoi entrait à Notre-Dame que les derniers rangs touchaient encore à Saint-Merry. On se mêlait, on s'entretenait sans se connaître ; les larmes coulaient de tous les yeux, comme si chacun avait perdu le parent le plus aimé ! Qu'est-ce que les funérailles officielles, avec les pompes militaires et politiques qui les accompagnent, en comparaison de celles que faisaient à l'apôtre et au pasteur la notoriété la plus légitime, l'amour de ses ouailles et un peuple d'amis ? Toutes ces âmes que la Providence lui avait confiées, il voulait, avait-il dit naguère, « les étreindre dans un baiser et les emporter au ciel avec lui. » Elles sont venues, elles se sont pressées derrière sa chère dépouille, et, s'il avait raison de dire encore de son vivant que, « dans les obsèques, l'attitude des assistants juge le mort, » jamais plus de recueillement, plus de larmes, plus de silence, plus de louanges de cœur entrecoupées de sanglots ne composèrent à un défunt plus glorieuse et plus chrétienne oraison funèbre !

Le corps fut transporté à Sorèze pour y être inhumé, selon le vœu qu'avait verbalement exprimé de son vivant l'abbé Gabriel. En 1863, il avait prêché à Sorèze une retraite à laquelle les fidèles accouraient des campagnes, des villes voisines, et jusques de Castres ; en 1864, lors de la dédicace de la nouvelle église, il avait prononcé le sermon d'inauguration, en présence de l'archevêque d'Alby. Au milieu d'une foule immense qui se souvenait encore de sa voix, dans cette enceinte sacrée qui en avait gardé l'écho, il passa et s'arrêta une dernière fois. La tombe où il repose est celle de sa mère et voisine de celles du R. P. Lacordaire et de « son vieux curé de Sorèze, » l'abbé Mazas.

X

CONCLUSION.

A la fin de cette longue étude, nous devons nous demander quel a été le rôle, quelle a été l'influence de l'abbé Gabriel.

Parler d'influence, de rôle, à propos de l'abbé Gabriel, c'est risquer de méconnaître sa nature plus encore que d'exagérer ses qualités. D'influence, dans le sens pratique du mot, il n'en eut pas d'ostensible et de publique. Ainsi l'on ne saurait dire de lui qu'il ait imprimé une direction à l'éloquence religieuse, à la conduite politique du clergé, même à la philosophie et aux études ecclésiastiques. A plus forte raison ne peut-on prétendre qu'il ait joué un rôle. Il était fort connu; il pouvait à certains moments exciter chez des particuliers ou dans une assemblée l'enthousiasme le plus vif pour sa personne et ses doctrines, mais il n'avait ni dans l'esprit ni dans la volonté cette suite, cette attention sur soi-même, ce souci de l'opinion publique qui maintiennent l'enthousiasme et le font tourner au profit de la renommée. Sans dédaigner l'opinion, il ne s'en inquiétait pas ; sans dédaigner l'influence, il la conquérait trop vite pour aspirer à la conserver ; sûr de sa puissance à certaines heures, peu lui importait de l'exercer et de la sentir vivante à tous les instants. N'est-ce pas le propre d'une nature énergique de ne pas faire sans cesse étalage de son énergie, comme ces gens qui, n'ayant qu'une puissance d'emprunt, ne négligent aucun artifice pour se donner les dehors d'une puissance réelle ?

Les personnes qui l'ont le mieux connu sont unanimes sur ce point : quelque bien qu'ait produit sa prédication, son apostolat de cabinet, si j'ose dire, en a produit plus encore. Son attitude et son accent respiraient tant la loyauté et la foi ! Il croyait tant à la puissance du cœur ! Il était de sa personne si sympathique ! Sa physionomie avait deux aspects : l'un de bonté, d'ouverture de cœur, de générosité, d'affection facile ; l'autre, d'autorité sacerdotale. Avec cela, le geste simple, sans apprêt, le premier venu. Ses manières un peu brusques déconcertaient d'abord ceux qui ne le connaissaient pas ou qui se souvenaient trop des formes banales de société. Pour lui, s'il les gardait un moment par complaisance, c'était pour les répudier bien vite et rentrer dans l'originale liberté de son allure.

Philosophes, écrivains, hommes du monde, combien n'en a-t-il pas entraînés dont l'esprit errait sur les confins de la foi sans oser les franchir! Un élan d'enthousiasme, un chaleureux embrassement, un cri du cœur étaient ses premières armes. A peine s'il discutait. Un homme était devant lui : d'un coup d'œil il avait deviné son passé, son présent, ses angoisses, ses faiblesses; il le saisissait par tous les points à la fois, et cela en quelques mots; il n'hésitait pas à toucher les endroits sensibles, moins en faisant blessure que caresse, et il était bien rare que si du premier aspect il avait pensé le conquérir, il ne l'eût pas conquis au bout d'une heure! Brusque, il l'était, mais avec quelle circonspection! C'était plutôt pour déchirer les voiles qui cachaient à une âme ses vraies tendances et ses religieux désirs. Que de consciences il a gagnées ainsi! Que de conversions il a opérées dans tous les rangs de la société, depuis les premiers jusqu'aux derniers! Que de chrétiens il a affermis dans leurs croyances! Que d'âmes il a régénérées! C'est leur secret à elles et celui de Dieu; mais combien d'autres, auxquelles il ne s'est pas attaqué de près, et que la franchise de sa foi a ébranlées dans leur hostilité ou leur indifférence!

La variété non-seulement de ses études, mais des générations d'esprits qu'il avait traversées dans son errante carrière de missionnaire, l'avait initié aux doctrines et aux caractères de son temps. Il aimait son temps, il aimait d'avance les hommes qu'il rencontrait sur sa route, à quelque opinion qu'ils appartinssent. Soldat d'avant-garde, de lui à eux le chemin était court et l'entente pouvait s'établir. Loin de les heurter, il cherchait le point par où leurs doctrines ou leurs œuvres correspondaient à la vérité; il leur démontrait qu'ils n'étaient pas des ennemis, mais des égarés; que leurs principes, sans ampleur ni précision, trouvaient dans l'Église catholique leur développement et leur autorité; un pas de plus et il les ralliait à la foi. Ainsi, sans rien sacrifier du dogme, il n'en exagérait pas les rigueurs; il distinguait avec soin les questions libres de celles où l'Église a prononcé souverainement; partout il cherchait et voulait non la forme vide mais l'esprit vivant; pour les pratiques, il s'en tenait aux principales sans insister sur celles qui ne sont que de dévotion ou d'usage, et de cette imagination puissante qui embrassait dans son vol des ensembles d'idées, il déployait aux yeux la doctrine catholique dans ses caractères natifs de vastitude et de compréhension.

Pour parler au siècle, il prenait la langue du siècle; pour convaincre l'incrédule, il se plaçait sur le terrain de l'incrédulité; devant ces mots pompeux de liberté, d'égalité, de progrès, il en signalait les éclatantes réalités dans l'histoire de l'Église comme au fond de ses dogmes. Jamais de haine, même contre l'erreur, dans laquelle il aimait à démêler la vérité; jamais d'imprudente précipitation; il savait que la foi a son heure dans toute âme et que Dieu se l'est réservée. Il déposait le germe, laissant à la Providence et à la bonne volonté de l'homme le soin de le développer. Il rappelait avec prédilection les premiers siècles chrétiens, et, dans les communautés antiques de fidèles, il aimait, comme saint Jean Chrysostome et les Pères, à voir l'image et le modèle d'une société évangélique. L'Évangile, il ne savait autre chose : il ne fut puissant par la parole qu'en s'appuyant sur ce livre, je veux dire sur le Dieu-homme, dont il raconte la vie, les discours et le sacrifice.

Qu'on lui refuse les palmes officielles de l'orateur et de l'écrivain, il les dédaignait et nous-même nous les dédaignerions pour sa mémoire; nous préférons qu'on dise de lui (et qui ne le dira de ceux qui l'ont connu?) que sa parole fut pleine de foi; que, doctrinalement et pratiquement, il présenta avec constance et hardiesse le Christ comme le modèle des actes privés, de la vie publique et de la vie sociale; qu'il aima son siècle, même avec ses défaillances ou ses vices, pour le régénérer aux flammes de l'amour divin. Nul ne fit un appel plus vif à la libre et généreuse coopération de l'homme à la grâce; nul ne prit plus de soin de dépouiller la doctrine des formules parasites qui la déguisent ou l'embarrassent; nul ne chercha davantage à développer l'esprit aux dépens de la lettre morte. Le mal, il l'appelait une négation; nos fautes, il les tenait pour des faiblesses auxquelles notre nature ne saurait complétement échapper; mais il se souciait qu'on marchât en avant, dût-on faire quelques chutes. « C'est peu d'échapper au mal, disait-il, si l'on n'a fait le bien. » Sous une autre forme, il exprimait la même pensée : « Dieu ne vous demandera pas compte du mal que vous aurez évité, mais des bonnes œuvres que vous aurez faites. »

Imagination ardente, cœur chevaleresque, apôtre partout et toujours, tel fut l'abbé Gabriel. Pour le raconter tout entier, la parole est froide et impuissante. Vivant, il fallait l'aimer comme il aimait; et, maintenant qu'il n'est plus, la meilleure manière de le regretter et la seule qu'il avouerait, c'est de ne pas laisser perdre l'esprit de sa vie, je veux dire le dévouement à la Vérité et l'*Incarnation* en nous-mêmes du Christ, notre Seigneur et le sien.

FIN

TABLE DES MATIÈRES

	Pages.
L'ABBÉ GABRIEL....................................	1

I
Premières années. — Vicaire à Cette. — Curé à Pézénas (1796-1834).................................... 3

II
Missionnaire apostolique (1834-1848)...................... 11

III
L'abbé Gabriel, pro-curé de Saint-Pierre de Chaillot. — Chanoine de Notre-Dame de Paris (mars-décembre 1848)....... 21

IV
L'abbé Gabriel, curé de Saint-Merry. — Son apostolat (1852-1865).. 31

V
Ses œuvres philosophiques................................ 44

VI
Ses œuvres philosophiques devant la critique. — M. Ad. Guéroult et M. Alaux.. 54

VII

Ses amitiés.. 64

VIII

Sa retraite. — Il est nommé chanoine titulaire de Notre-Dame. 69

IX

Sa mort... 74

X

Conclusion.. 80

FIN DE LA TABLE DES MATIÈRES.

Paris. — Imp. Pillet fils aîné, rue des Grands-Augustins, 5.

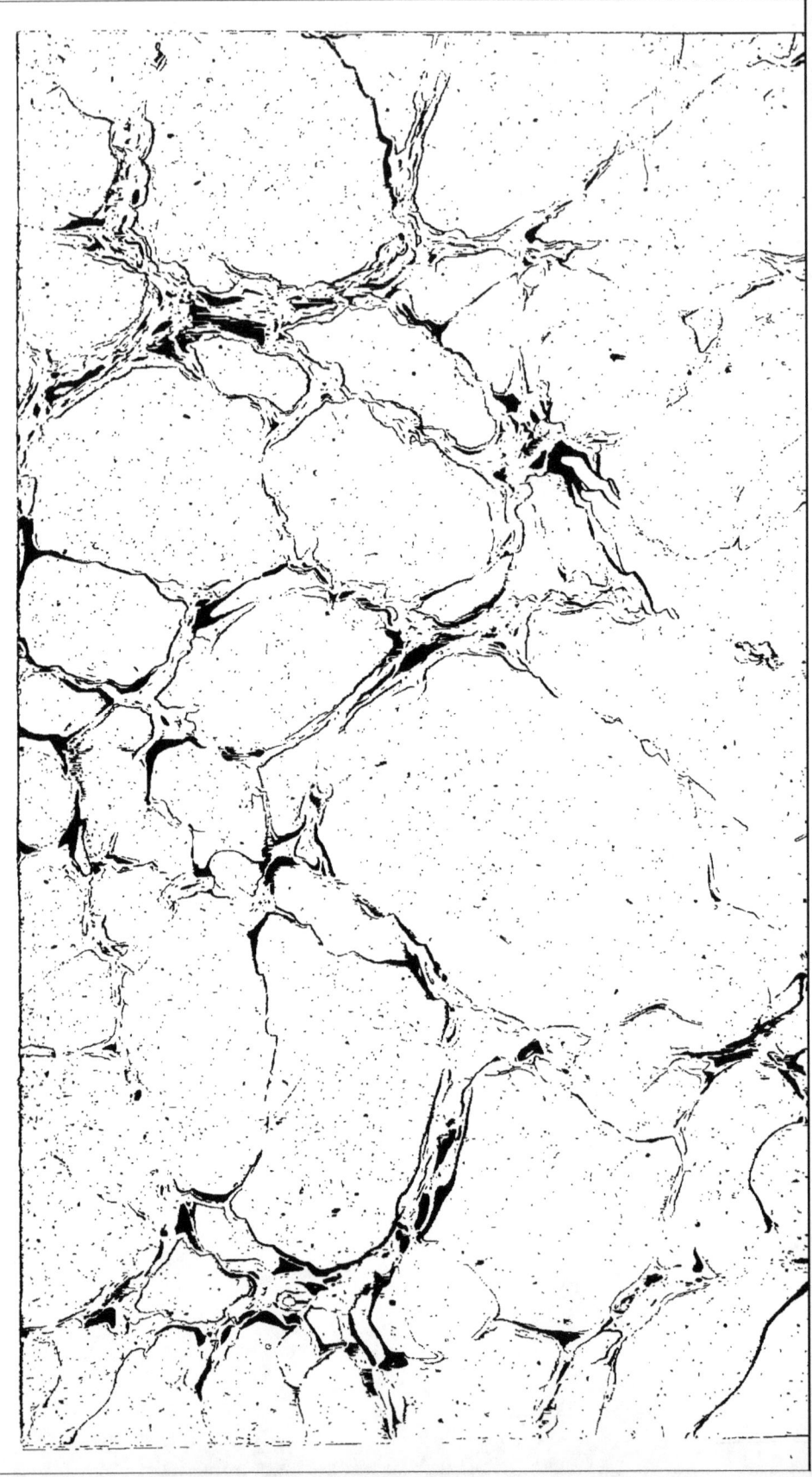

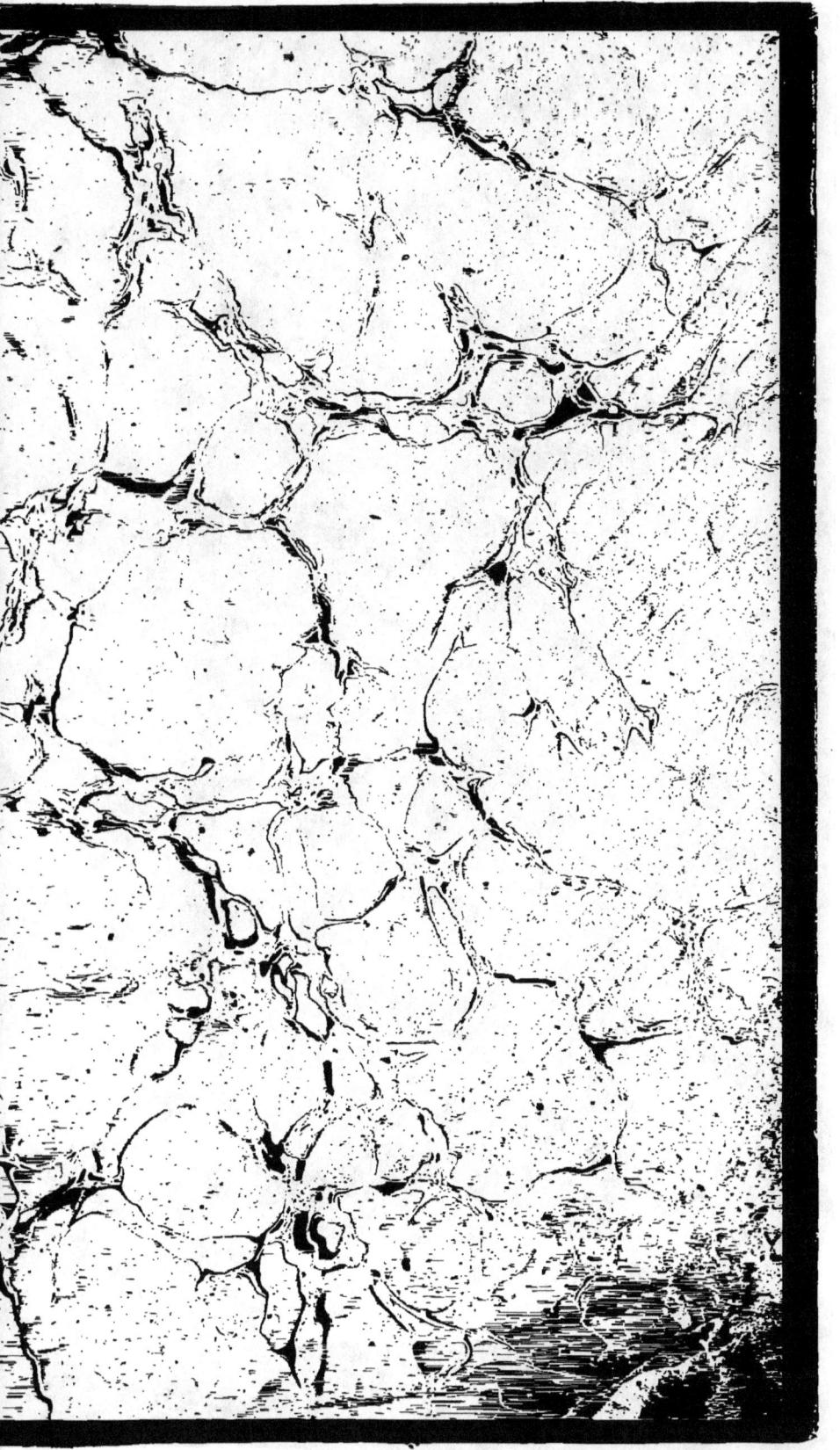

www.ingramcontent.com/pod-product-compliance
Lightning Source LLC
Chambersburg PA
CBHW070304100426
42743CB00011B/2341